光是

情摇摆的不倒翁

精品集萃丛书·时光不老系列

《中学生博览》杂志社 选编

时代文艺出版社

图书在版编目（CIP）数据

时光是尽情摇摆的不倒翁 /《中学生博览》杂志社
选编. -- 长春 : 时代文艺出版社, 2021.6
（青春美文精品集萃丛书. 时光不老系列）
ISBN 978-7-5387-6679-0

Ⅰ. ①时… Ⅱ. ①中… Ⅲ. ①作文－中小学－选集
Ⅳ. ①H194.5

中国版本图书馆CIP数据核字(2021)第076583号

时光是尽情摇摆的不倒翁
SHIGUANG SHI JINQING YAOBAI DE BUDAOWENG

《中学生博览》杂志社　选编

出 品 人：陈　琛
责任编辑：王金弋
装帧设计：任　奕
排版制作：隋淑凤

出版发行：时代文艺出版社
地　　址：长春市福祉大路5788号　龙腾国际大厦A座15层（130118）
电　　话：0431-81629751（总编办）　0431-81629755（发行部）
网　　址：weibo.com/tlapress（官方微博）　sdwycbsgf.tmall.com（天猫旗舰店）
开　　本：880mm×1230mm　1/32
字　　数：135千字
印　　张：7
印　　刷：三河市嵩川印刷有限公司
版　　次：2021年6月第1版
印　　次：2021年6月第1次印刷
定　　价：36.00元

编　委　会

Contents
目 录

青春尽情摇摆

思念如白马

伴你走过时光

曾有少年入梦来

猫咪阁下的美人

苍 耳

1

吾辈，是野猫。

吾，喜欢趴在树上，像看蝼蚁一般，看着人类。

"你好。"那日，那个经过树下的少年对吾如是说。明明是个雄性，却有着美丽的容颜，眼神清澈透明。

人类。

2

吾，讨厌下雨。因为即使是雨天，吾也还是需要喂饱自己。今天运气还不错，找到了半条鱼。"啊，是你。"

正当吾想进餐时，身后传来熟悉的，人类的声音。吾转过身去，他撑着一把透明的伞站在雨里，手里提着一包垃圾，脸上带着些惊诧。

"喂，"他说，"又见面了。我说……要不要试试当我家的猫？"吾叼着鱼转身离开。身后的脚步声渐渐清晰起来，"喂"，他说，"试试嘛。"手中的伞，举在吾的头顶。伞外的天空灰蒙蒙的，雨不停地打在伞上，发出啪嗒啪嗒的声响，还有一些，正从他头顶滑下来，顺着发丝，沿着面颊。寒冬的雨，很凉，很冷，打在身上甚至有些疼。吾犹豫了一会儿，放下了嘴中的鱼。

他笑起来，慢慢走过来轻轻抱起吾。

他说："乖孩子。"

他抱着吾走在雨里，不顾周围人的目光。冬天的冷雨里，一个绝美的少年，撑着一把透明的伞，抱着一只肮脏的猫。各种各样的目光不断地落下来，吾在心底冷笑——哼，人类。

"喂，"他的声音从头顶传来，"不要露出那么恐怖的眼神。"吾顿了一下，闭上眼，将头埋入他的臂弯。

他在一栋白色的房子前停了下来，开门进去。房子里空空荡荡，他将灯打开，说："喂，叫你阁下可好？"吾看着他，不做反应。他咯咯笑起来，说："阁下，要认得路哦。"他将吾带进浴室，举着花洒说："阁下，先洗个澡可好？"吾别过头，有温热的水一寸一寸地流遍全身，冰冷的毛孔渐渐张开，冻僵的细胞也一个个地鲜活起来，身上的灰尘随着水流尽数冲下。然后……吾看到他瞪大了的双眼。他说："阁下，原来你是雌的啊？！"

"……"吾想用吾凌厉的眼神剜死他。

他将吾擦了个半干，放到洗手池里，将吹风机打开放到洗手台上，附身问吾："阁下，试试看自己吹可好？"吾看了他一眼，将头凑到吹风口。他又咯咯笑起来，说："嗯，就是这样。"他看了一会儿，便转身出了浴室。热热的风从黑黑的洞里吹出来，很暖，很……晕。吾摇摇头，转个身，将屁股朝向吹风机。

"阁下。"过了一会儿，他开门进来，笑着关掉吹风机，将吾带到客厅。

鱼的味道……

"阁下，尝尝。"他在一旁笑着，指着地上的一个小盘子。

吾踮着脚尖凑近，冷眼看着，别过头——身为高傲的野猫，怎会接受区区人类的施舍。但是，鱼汤很香……吾扭过头试着舔了一下，嗯……还不错。

突然，有人开门进来，是个雌性。吾看见他站起身，说："妈，你回来了。""嗯。"女人换了鞋子走进来，见到吾，蹲下身，问他："左，哪儿来的猫？"原来他叫左，吾暗自记下这个音节。"捡的。"左看着吾说。吾看着她，肉垫里的利爪蓄势待发。可是她并没有露出印象中嫌恶的表情，她只是说："取名字了吗？""嗯，叫阁下。""阁下……"女人摸着下巴，末了，偏着头问，"男孩子？""呃……"左不好意思地笑笑，"是女孩子呢。""呵，叫'阁下'的女孩子啊。对待女孩子，可要温柔些哦！不早了，快去睡觉吧，明天可不是周末。""嗯，等阁下吃完我就去睡。""晚安。"女人拎着电脑进了房间。

晚上，吾窝在左的被子里，左的体温，很温暖。即使睡着了，也能清晰地感觉到，环绕在周围的，左的体温，左的味道。他们，与吾从树上看到的那些人类，不太一样。

3

回过神时，已经在这里待了好久，已经知道了左喜欢白色的T恤衫，已经知道了左喜欢打篮球，已经知道了左的妈妈能干且善良，还知道了……左喜欢的女孩。

第一次见到她时，还以为是个精致的大娃娃。很安静地坐在书桌旁，看着那些吾一辈子也看不懂的文字，阳光洒在她身侧，过肩长发乌黑柔顺。吾跳上桌子，她合上书朝吾伸出手，浅浅地笑着，长长的睫毛在脸上投下一小片扇形的阴影。吾站在原地，看着她。这时左拿牛奶过来，往日白皙的耳根，是粉色的。左唤她："林夕"。

林夕接过牛奶，笑着说谢谢，喝了一口后，她转身问左："这猫哪儿来的？"左犹豫了一下，说："捡的。""野猫？"林夕用手撑着头，饶有兴致地看着吾，"它竟然愿意和你回家？"左红着脸，坏笑着开口："可能因为我太帅了吧。"林夕"扑哧"一声笑出来，趴在桌子上问吾："小野猫，是这样吗？"吾转身从桌子上跳下。"生气了？"是左的声音。"不，是害羞了吧。"

林夕。

精致的面庞，高挑的身材，乌黑的长发，善良，却有着极高的洞察力。

这是吾这七世以来认识的，第三个人类。

4

吾一直以野猫为荣，一直以有着猫的姿态、体态轻盈而自傲。猫有九命，吾已经做了七世的猫，从未改变意愿。吾以为，吾会一直是只猫，一只野猫。但是，出现了一个叫左的少年，有着比雌性更为美丽的面庞。他让吾放弃了野猫的身份，甚至让吾开始后悔，自己是只猫的事实。

那一天，左输了高中最后一场篮球赛。

左回到家后，一言不发，只是蜷在沙发上，很安静很安静地流着泪，不远处的地板上，很安静很安静地躺着一个篮球。

　　吾跳上沙发，看着他的侧脸，看着他出神的黑色瞳仁，看着他透明的泪珠从嘴角滑过。但是，吾也只能看着他。吾没有像他一般白皙纤长的手指，无法像他对吾做的那样，抚摸他、拥抱他、安慰他，也不知道除了"喵"之外的第二个音节要怎么发。吾的左，吾的美人。他给吾一个家，给吾鲜美的鱼汤，给予吾温暖。但是，在他流泪的时候，吾什么也办不到。仅仅因为，吾是只猫。

　　吾的左，吾的美人。他需要，他的美人。

　　吾从沙发上跳下，跳到窗外，穿过各式的花园，经过各式的喧嚣，来到一所公寓。只要爬上公寓旁的那棵树，走到最长的那根树枝的顶端，就能跳进林夕的房间，吾很清楚地知道。吾跳上窗台，用爪子轻轻挠窗。林夕循声过来，见到吾，将窗子打开，看着吾，说："阁下？"她轻轻将吾抱起，侧着头问吾："是过来玩的吗？"吾从她怀里跳出来，落到窗台上，走了几步停下来，转头望着她。"嗯，是希望我跟着你吗？"她疑问着说出这句话。是。吾想这么说，可是，吾听到的是"喵"。

　　林夕跟着吾来到左家的楼下，一遍又一遍地唤他："左，左……左，出来吧，我知道你在家。"终于，吾看到左从屋子里出来，眼睛红红的，有些肿，身上还穿着那身篮球服，整个人看上去脏脏的，全然没了往日干净清爽的模样。林夕从袋子里掏出手帕，很细心很温柔地替左擦脸上的泪痕。擦着擦着，泪痕上就又布满了眼泪。林夕的手停下来，轻轻将左拥入怀中，让左的头靠在自己肩膀上，轻笑着说："左，你这样我来不及擦啊。"左抱着林夕的手臂渐渐收紧，一遍又一遍地说："林夕，林夕……"林夕轻轻拍着左的背，微微笑着说："左，我在这里哦。"左的声音带着哭腔，他说："林夕，因为我，因为我的失误，比赛输了……大家一起打的……最后一场……球赛……输了。因为……因为最后的三分球没进……全都是因为我啊……呜……"林夕静静地听着。左继续说："可恶！混蛋！下一次，绝对不会输了！"林夕笑了，说："嗯，加油！"末了，又添上一句："不过不能再讲脏话喽。"

左，终于笑了起来。

那日，夕阳下，林夕的手指，修长白皙。

5

有个人类说过："快乐的时光是短暂的"。

吾不认识那个人类，但吾同意他的话。

左捡到吾的时候，吾正年轻，左也才高一。可现在，左才高三，吾却进入了倒计时。为什么猫的时间要比人类快那么多呢？快到吾还来不及好好看看左成人的模样，快到还来不及看到吾的左娶他的美人做新娘。第一次，留恋这一世的生命，第一次，吾的世界里出现了"他们"。但是，吾的生命并不会因为吾的留恋而延长，反倒是觉得有些缩短了呢。

吾开始在这个熟悉的城市反反复复地奔波，为自己重新找一个坟墓。吾待在家里的时间，也一天比一天少。左好像感觉到了什么，每天惴惴地看着吾，花比以往更多的时间来陪吾，给吾准备的餐食也越来越丰富，甚至还给吾拍了张照片当作手机屏保。可吾吃得越来越少，变得越来越没精神。

终于，吾要踏上归途。

吾最后一次目送左出门，看他瘦削的背影，干净清爽的眉发，看他亮亮的眼神，听他唤最后一遍"阁下"。然后，吾离开了这个吾唯一的家，穿越大半个城市来到了吾精挑细选的地方，躺上去，闭上眼，在黑暗中整天整夜地睡着，感受着慢慢下降的体温。最后的最后，吾仿佛又听到了那一声熟悉的，"阁下"。

啊，吾的美人，吾的左，你是不是，又在林夕的怀里哭了呢？

6

"阁下？"面前的女人笑着，手里拿着块桂花糕，饶有趣味地看着我。

我斜眼看她："有问题？"

"没，只是觉得好好笑。第一次听到有人给猫取这种名字的。"

"总比某些人叫菩萨好吧？"

"我说了我不叫'菩萨'，我是菩萨！这两个概念是不一样的！""哦。"

"行，我不和你吵，说正经的吧——你前几次都当了野猫，这一次想当什么，还是猫吗？"

我沉吟了一会儿："不，这一次，想当人。"

"好。"她说。

7

这一世，吾辈，是人。

有着和左一般纤长的手指，有着和林夕一样精致的脸庞，说着他们的语言，看着他们的文字。吾作弊溜掉了奈何桥前的那碗孟婆汤，藏着掩着跟左进入同一个轮回，带着脑海中所有的左的样子来到了这个有左的世界。

这一世，吾不需要再将吾的左让给任何人，更不需要让任何人来替吾爱他。

今世，一个叫阁下的少女，在寻找一个叫左的少年。

曾有少年入梦来

橘 络

主人，相处愉快

我在落地窗旁发呆的时候，Karry的身影出现在面前的玻璃上，若隐若现。那是我第一次见到他。他的影子像是在水中晕染开的墨滴，呈现出一种半透明的状态，游离的墨丝勾勒出跟他吻合的人形。很像精美的水墨画。我看到他的手中还拿了一把剪刀，在阳光下反射出晃眼的光，让人想起某部动漫里一个可爱的死神。

看到他飘离了地面，我才回过神来，迅速转身贴到玻璃上。他亮了一下手中的剪刀，笑眯眯地俯下身，"主人，我动手了哦。"

我睁大原本就哭红的眼睛，恐惧得不能言语。他看到我的反应，若有所思地揉揉头发，落回到地面。"啊，忘了自我介绍了，我是即将要成为你影子的剪影师Karry。"

我看着他的微笑，伸手挡住他靠近的身体，"我不认识你……"

"每个人的影子寿命只有五年，我们剪影师就是帮人类回收影子的。"他有些神秘地转身，"所以，其实你已经换了三个影子了。"

我已无心去思考他所言内容的合理性，在我看来，这个把剪影子说得像剪头发一样常见的人真的太奇怪。

"所以你是我的下一个影子？"

"我是工作过程中出现一点儿小差错来受罚的。"他玩弄着剪刀抱怨，"只是没想到主人居然还是女生。"

我大概了解了他的来历。

"那你五年后会死吗？"他似乎被我认真的表情弄得有些莫名其妙，伸手摸摸头，"当然不会啦。"

我听到剪刀咔嚓咔嚓的声音，心里的紧张在他说可以了之后忽然放松。

"一会儿我的伙伴会来收走它的。"Karry轻松地拍拍手，随后问我："你为什么会看到我呢？工作了这么多年还是第一次遇到这种事呢。"

我自然不清楚，如果其他人听说自己的影子有寿命而且是不断更换的，该有多吃惊。

Karry说，影子是不能跟人类说话的，不然就会立刻被剪掉回收，结束生命。

"好孤独啊。"我感叹道，心里默默地补充，就像我一样。

他弯起好看的桃花眼，"主人，相处愉快。"

做影子也好累的

回家已是迟暮，路过小区门口时我停下来，回头看路灯下的影子，静静悄悄地贴在地面上，似乎没什么不同。

"Karry。"我叫他。

没有回应。

后来我才想起，既然影子不能跟人类说话，那么Karry也是吧。我有些失落，又是自言自语啊。

听到有人在喊我的名字，抬头看到妈妈正焦急地向我走来。

"你去哪儿了？老师打电话来，妈妈都急疯了。"

忘了说，今天我逃课了，坐在我后排的林丘又一次成功地捉弄了我，在大扫除的时候把刚换洗抹布的脏水倒在了我的身上，整整一盆。然后忍着笑意一脸愧疚地说，不好意思啊，没有注意到。我听到周围人窃窃的笑声，咬紧嘴唇跑出了学校。

于是落地窗前放空的我遇到了从天而降的Karry。

妈妈拍拍我的肩膀说，这样下去不行。她已经预约了王医生，过几天会带我去咨询。我早已麻木。

让我开心的是，就像忽然着了迷，那天晚上Karry出现在我的梦里。但他只是微笑地看着我，依旧不说话。我开始怀疑今天下午的相遇也是梦。

第二天上学的路上遇到了付小念。她骑着单车飞驰而过，看向我的眼神变得更加冷漠。我记得，昨天林丘将水泼到我身上的时候，她也是这种眼神。可以理解，因为她喜欢林丘，而大家都说林丘喜欢我。对于这种偏执又幼稚的方式我不作任何回应。

不过奇怪的是，我看着付小念身后扭扭曲曲的影子，觉得很是熟悉。

整整一个星期过去，我依然独来独往，就像往常一样。自从知道Karry的存在，心里像是有了依靠。只是每次的自言自语依然没有回应。

周末的时候我去了那个有着大大落地窗的书店前面，坐在长椅上晒太阳。想求证Karry存在的证据。无聊地抬抬手脚，看影子不断变化着形状。

"喂，不要乱动，做影子也好累的。"听到这懒懒的抱怨，我立刻跳起来。

"Karry!"

"是我。"他有些嫌弃地回答，"好啦主人，你这么大声真的好丢人。"

"终于肯跟我说话了啊。"如果他站在我面前我一定会激动地拥抱他。

"这么看也不像有自闭症的人啊。"经过一周左右的相处，他已经了解了我的性格。是啊，我也觉得自己没问题，只是不想跟他们交流而已。因为我说的他们都不感兴趣并觉得荒唐。

然而很快我就意识到一个问题，影子是不能说话的。对此Karry说，他是剪影师，而且他现在不也没被回收吗，所以没关系的。于是我放下心来。

后来我才知道，如果真的没问题，他就不会忍到现在才开口。

我的影子丢了

Karry告诉我，我的影子丢了。朋友来回收影子的时候发现影子已经不见了，后来发现付小念的影子被挤走了。怪不得那天我看付小念的影子那么眼熟。

我问Karry，后果是什么。他思考半天告诉我，因为跟我一起被欺负而讨厌死我的影子却和同样讨厌我的付小念一起，如果不能回收后果不堪设想。付小念对此浑然不知，她不知道她需要付出的只是厌恶，而影子会将这份怨念付诸实践。

问到让影子复位的办法，Karry为难地回答，他也不知道。

说这些时付小念刚好拐过楼道，看到我的时候她雄赳赳气昂昂地走过来，质问我跟林丘的关系。我想起Karry欲言又止的回答，盯着付小念的影子说："你到底有多讨厌我。"

"林丘多喜欢你我就有多讨厌你。"她回答，影子在身后张牙舞爪地扭了下，颜色更深。

"我只是你的假想敌吧。"我转而看向她回答，"林丘有多喜欢我我就多讨厌他。"

像是意外我的回答，她留下了一句"你最好是不喜欢他"，就气哼哼地转身离开了。

让我头疼的是，付小念刚离开我就听到了林丘的声音。

"原来我这么让你讨厌。"他双手插在裤兜里，但我看到了他露出的手臂上凸现的青筋。他是在隐忍着情绪吧。

"对。很讨厌。因为你的霸道都没有人敢靠近我，更不要说帮我。你喜欢人的方式还真是特别。"像是积蓄已久的讨厌突然爆发，我看着他的眼睛一字一句地说道。

大概从没听过我这么强硬的语气，他眼里的怒气渐渐变得强烈，挥拳打在我身后的墙上。

我们两个一前一后进入教室的时候，我感觉到了众人好奇的目光，付小念更是一脸疑惑，嘲讽地扯了下嘴角。

好像更麻烦了呢。

这语气越来越像你

体育课上跑操的时候付小念在我右边，她颇为冷漠地看着前方，一副并不想跟我挨着的样子，所以刻意离我远了两步。

起步的时候我忽然摔倒，膝盖部分的牛仔裤上洇出了血色。付小念有些惊讶地看着我，我看到她的反应便意识到问题变得严重。不是付小念，是影子。

没有同学来帮我，大家都散开了躲到一边。我尝试着自己起身，忽然感觉到有人从背后搀扶我站了起来。回头却发现空无一人，倒是体育老师走过来，示意我去医务室。

妈妈把我接回家的路上我有些恍惚，连她问的话都没听到。她看着我心不在焉的样子，一脸担忧。

由于阴天，所以看不到付小念的影子，而我也实在想不出什么办法来淡化它的恶意。

写作业的时候忽然想起Karry，很久没见他。虽然平日看到的他也只是黑漆漆的影子。不过话说回来，今天扶我的人是他吗？影子是可以做这些的吗？

"最近好像很多事呢。"他忽然开口，吓我一跳，"你的自闭症是越来越严重了吗？"

"我看到了付小念的影子。"我一脸沉重地叹口气，"是不是影子越来越浓就表示越来越糟糕？"

"目前来说是的。"Karry同样严肃地回答我，随后又抽风一样哈哈道："放心啦，有我呢。好歹是个剪影师。"

"哦，还是个什么都做不了的剪影师，连主人的话都很少回呢。"

听到我故作生气的语气，他转移话题道："啊，我的主人真是活泼开朗呢。"

我被他逗笑，心情瞬间明朗。其实听到他声音的瞬间就已经好了。

其实我注意到，他跟我说话的语气越来越勉强，就好像身体越来越虚弱的病人。我不知道是不是做我的影子真的很辛苦，所以上个影子才会那么讨厌我，同样现在我也不知道Karry到底为我承受了什么。

妈妈敲门来送牛奶，我连忙打开课本。她有些担忧地叮嘱我早点儿休息，欲言又止。

看着妈妈关上了房门，我再次轻声叫他。

Karry，Karry，Karry。

又不回答了吗，影子也会睡着吧。我这么安慰自己。

起身关灯的时候听到了妈妈打电话的声音，应该是打给王医生的，说我的自闭症越来越严重了，老是自言自语，准备协调时间去看一下。

我叹口气，钻进被窝蒙上头。

那个戴着黑框眼镜的年轻医生盯着我看了好半天，最后说，真是个奇怪的女生。

啊，咨询师怎么能这么不负责地评价病人，我在心里默默地反驳道，懒得再回答他任何的问话。随后又反应过来，现在的语气都有点儿像Karry那个家伙了呢。

我弄丢了你

妈妈听王医生的话开始实施各种疗法。我在膝盖痊愈的时候请了假，跟妈妈去爬山。登顶的时候我逆光站立在顶峰边缘，看我的影子投到面前的无边悬崖，然后回头对妈妈说，我的影子摔下悬崖了。

她惊叫一声，伸手把我拽回安全地带。

我恶作剧成功似的轻声对Karry说："再不理我就把你扔掉咯。"

令我恐慌的是，当我威胁完Karry低头看他的时候，他真的就不见了，我看着天上悬挂的太阳，换着方位旋转也不见影子的踪迹，难过得一下子哭出来。

妈妈以为是我刚才站在边缘受到了惊吓，赶忙带我下了山。

一路上我都失掉魂魄一般，腿软得无法控制，手也在不停地颤抖。絮絮叨叨地跟妈妈说，Karry不见了，Karry不见了。

妈妈已经不能看我一个人去学校，于是帮我申请了休学。

我是Karry

我叫Karry，是个剪影师。

遇见许松音是在一个午后，她站在大大的落地窗前发呆，身上还有未干的水印。我看着她哭红的眼眶，莫名有些慌张。她是我即将相处的主人，也是唯一一个看到过我的人类。我飘在空中对她微笑，结果把她吓到了。于是我孩子气地耍宝，希望能够让她开心。

许松音一直都不开心，她经常被同学欺负，准确点儿说，她经常被一个叫林丘的男生欺负，被其他人孤立。大家都觉得她是个奇怪的人。

我喜欢听她甜甜软软地叫我的名字，Karry，Karry。喜欢听她各种奇怪的想法，就像人类的棉花糖，糯糯轻轻地在口中化开。

影子是不能说话的，我当然也不可以。但是我跟影子不一样的是，我不会被回收，当然也不是一点儿代价都没有，我上交了自己的影子，唯一的要求就是可以跟许松音说话。

许松音提起过，她觉得第一次见面的时候我的影子很漂亮，就像是泼墨渲染又一尘不染的水墨画。我被她矛盾的形容逗笑。

　　剪影师失去影子有什么后果呢。剪影师是通过回收影子的工作来丰富自己的羽翼，对我们而言，羽翼就是身后的影子。这就意味着即便我完成了受罚也不能继续当剪影师。在我们的世界，除了剪影师，只有轮回不尽的影子。

　　而我变成了真正的影子。

　　那个叫付小念的女生丝毫没意识到自己的恶意被利用且造成了多大的混乱。当一个原本结束寿命的影子决定放手一搏，把所有的怨气跟人类结合，无法控制，唯有等它主人的恶意渐渐消失，它才会变得透明直至消失。可是跟着许松音被踩被水泼被推搡的影子怎么可能不讨厌她。

　　对此我却无能为力，只有在它每次积蓄力量对许松音不利的时候保护她，帮她反击。这种状况一直持续到林丘和付小念在一起。作为剪影师不会被人类看到，但作为影子谁都可以看到，于是我趁许松音不注意的时候做出各种夸张的姿势，林丘大概就是这样被吓到的，并且生了一场病。那之后他就不再喜欢许松音。付小念自然满是欢喜。一切归位。

　　自从失去了自己的影子，加上三番五次擅自离开，我变得很是虚弱。好在每次回到许松音身边，听着她一遍又一遍地念着我的名字，满满的心安。

那天我看着付小念的影子渐渐消失却还在挣扎，用力扑了上去，却再也没能回去。

你　好

我是许松音，常常会在看到某些事物时莫名地头疼。比如那个有着大大落地窗的书店。妈妈说我做了一个好长的梦。

再回到学校已经是一年后，周围全是新同学。老师指了下我的座位，在看到同桌的男生时，我的鼻尖忽然一阵酸楚。

"同学，你好。"他在我坐下去时歪头冲我一笑，"我是要成为你同桌的Karry。"

Karry，Karry，噬骨渐侵，唯你撩心。你好，我是许松音。

憨　人

冰与蓝

1

　　阿丹的外号叫"小鸡血"，所有跟她接触过的人都觉得这个外号真是太适合她了。小个子的她风光热闹，笑声爽朗，远远一声招呼能穿越整条长廊，就像是打了鸡血一样，无限次将满溢的热情泵至全身。

　　这一类型的女孩往往会面对两个局面，一方面，大度的男生们会很喜欢和她开玩笑，无顾忌地互相开损；而女生这方面，却总会说她这样太没轻没重了，瞧不上的同时夹杂着些许的醋意。还好阿丹不在意，她的心大到能撑航空母舰，说好听是不拘小节，难听的话就是没心没肺了。所以她才能粗心到差点儿把桌肚里那封信当成垃圾扔掉。

　　她是在翻之前的月考卷子时发现那封信的，洁白的信封唐突在一堆乱糟糟的废纸中间，上面黑色钢笔的"阿丹"两个字写得一笔一画、流畅潇洒，像是书法作品一样漂亮。阿丹就有些慌了神，匆匆打开时里面是一首词：十里明湖一叶舟，城南烟月水西楼。几许愁容娇欲流，隔着垂杨柳。远山明净眉尖瘦，闲云飘忽罗纹皱。天末凉风送早秋，秋花点点头。

　　漂亮的字体配上清新雅致的词，文艺腔调扑面而来，仿佛真有沁凉的秋风轻轻地拂面而来，看得人心都软下去了一半。阿丹抬头四视望去，正好迎上徐嘉木的回眸，他唇角一勾，笑得自然而温柔。

　　天啊，是他吗？！阿丹的心"突突"地跳了起来。徐嘉木是班里最好看的男生之一，重点是他还待人谦和、态度友善，多少女生做梦都想要的白马王子，只是阿丹前些天还开玩笑地指着他鼻子说他"娘"呢，徐嘉木就真温柔到了不计较那些毒舌，然后喜欢上自己了吗？不会是谁的恶作剧吧？

　　总之那一天里，阿丹难得安静了下来，循着蛛丝马迹猜测着信的主人是谁，当然大过怀疑的，是满心的兴奋和惊喜。

2

很快知道了这不是恶作剧，因为信还在源源不断地送过来，笔锋依旧利落流畅。阿丹仿佛能看见写信时的徐嘉木，像是中世纪的油画家，眼神深邃、态度认真，笔下展现出星空一样烦琐而震撼人心的美。原来徐嘉木是这样一个有趣而博学的人，他告诉她他总在幻想着镜子里是一个不同的世界，给她讲平行时空的不同分叉点，还叮嘱她不要饿肚子，不然大脑神经元会自噬的。小小的冷知识里包裹着在意的贴心关怀，一向外向开朗的阿丹第一次看到这样安静温暖的文字，也想过要回信，却发现自己的小破字要比那工整的楷体逊色得多。阿丹就自己贪婪地独享着这份幸福，等待答案揭晓的那天，外表不显露，只是在与人说笑时，笑得更加开心了。

出乎她意料的是，徐嘉木竟很快就有了女朋友，邻班的班花，一颦一笑如姣花照水，温柔的气质与徐嘉木如出一辙。大家都感慨他们真相配的时候，只有阿丹一个人气得想要跳脚。她不知道为什么本属于自己的关怀可以轻而易举地交给另一个人，所以她忍着气回了第一封信：喂，你是谁啊，别总玩神秘了，出来让我见识见识吧。

对方就真的出现了，放学铃打响时，阿丹的肩膀被人拍了一下，回头时，班里的大高个儿沈名扬正搔着后脑勺，有些不好意思地说："嗨，小鸡血，那些信是我写的。"

阿丹的脑袋"嗡"的一声，在看信时无数次的遐想让她早已把印象停留在了那个温润少年的身上，可面前身材魁梧的沈名扬也和她的憧憬相差太多了，就像是等待着王子的公主最后只等来了怪物史莱克一样。更让阿丹受不了的是，后排的男生们三三两两地往这边瞥，有好奇有窃笑，让她觉得像是被嘲讽一样。所以她最后只是紧紧地握了握拳挤出笑脸说："你没事装什么含蓄啊，有话直接跟我说不就得了。"

谁知道她打晃的一句话真被沈名扬当成了圣旨来执行，他本来就高，个性又憨厚老实、不善言辞，阿丹和别人开玩笑时只会不合时宜地杵在一旁，像一根沉默的石柱，连笑声也总要比别人慢半拍。总之阿丹是看他要多别扭有多别扭，可是沈名扬对阿丹的态度却是有目共睹的。阿丹讲再无聊的冷笑话他都会捧场地笑起来，下雨天时会贴心地掏出折叠伞递给向来马虎的阿丹，甚至在大家清扫教室搬课桌时都会跑过去帮忙，生怕她累到一样。

3

说不感动是假的，可是对象是谁不好，偏偏是她完全没感觉的沈名扬，让原本该温馨的场景都少了太多的甜蜜心情，可又怎么好和他明说呢。在阿丹为了这样胶着的现状而苦恼的时候，迎来了这样一个晚上。晚自习下课后，阿丹耽搁了几分钟赶去办公室交作业，出校门时已没多少人了。偏巧那天停电，寂寥的夜显得特别阴森，天幕仿佛就低低地压在头顶上，让她忽然感觉很害怕。想要加快步子逃回家时，她又听到了这样熟悉的声音："嗨。"

鼻音有点儿重，声音很低，是从高处飘过来的。果然还是沈名扬，他靠在校门上冲阿丹扬了扬手臂，"刚才看陪你一起回家的女生们先走了，说你还没出来，我担心你害怕，就在这里等着了。"

要是把沈名扬换成眉清目秀的美少年，估计阿丹能感动死。可是那天沈名扬套着的褐色大衣和宽松运动裤，看上去就像是把麻袋做成了衣服，在夜幕里一点儿也不起眼儿。两个人用手机的亮光照路一前一后地走，阿丹八卦着班里好玩的事，却因为得不到什么有趣的回应而无聊了起来。沉默了一会儿沈名扬才问："你知道今天晚上为什么这么黑吗？"

"因为停电啊。"阿丹撇了撇嘴，这有什么好说的。

"对啊，你抬头看看，不停电的话，还看不到这样的景色呢。"

阿丹敷衍地抬头看了一眼，却忽然愣住了。因着夜色背景，头顶的星光格外明亮，浩渺的星空像是席卷着绚烂光芒的光之海洋，漆黑的夜幕都被衬托成了幽深有灵性的蓝色，仿佛凡·高笔下的景色，大团的幽蓝与细琐的星点融合，美丽得令人晕眩。沈名扬饶有兴致地说："那五颗M型的星星就是仙后座，它附近的则是仙女座和英仙座，那是来源于希腊神话珀尔修斯的一段故事……"

阿丹痴痴地寻着他所说的星座的形状，偷偷看了一眼沈名扬。这时候的他才算是卸下了平日里沉默的壳，抬头望向天空的眼睛里也反射出了星光。阿丹的心跳忽然奇怪地顿了一下，反应过来她才猛地摇摇头。这样被星海包围的浪漫场景让她也差点儿忘了自己本来想说的话，她想了一会儿才说："沈名扬，以后咱们还是保持着点儿距离吧。我有点儿害怕啊，别人再说闲话什么的，虽然我还是挺喜欢和你当朋友的。"

阿丹把"朋友"两个字咬得很重，可是面前的沈名扬却在愣了两秒后忽然眯起眼睛笑了，"是吗，你喜欢就好。"

重点找错了好吗！阿丹还没来得及吐槽，身边的灯光就忽然全亮了起来。来电了，世界重新变得通透光明，而身边沈名扬的脸，果然还是不怎么帅。

4

天气转冷的时候，阿丹身边开玩笑的声音已经少很多了，因为沈名扬很听话，她说保持距离之后，他就乖乖地不再每天跟在身后，却又开始给她写起一封封的信，或是在她的桌子里放些小礼物，有时是几颗大白兔奶糖、袋装咖啡，还有一次是一袋热腾腾的糖炒栗子。阿丹回头看时，总能迎上他憨厚中有一丝羞涩的表情，像一只笨拙却忠诚的狗熊，费力将所有的蜂蜜都交给了她。阿丹也开始把回信放在桌子里，告诉沈名扬她有时候笑得太大声之后会头晕，还有他知道那么多冷知识真了不起。他们彼此在对方的信里接触着那个未了解的生活和世界，带着欣喜，阿丹觉得有这样一个小小的避风港也很幸福。

快到年末的时候，市中心举办了一场青少年文艺作品比赛，擅长水彩画的阿丹得到了优秀奖，被邀去参加颁奖礼。她兴奋地在信里告诉沈名扬，他则回她：是吗，那边很不好找的，我陪你一起去吧。

当天阿丹走下楼时，沈名扬已等在楼下了，烟灰色的外套使他显得比之前瘦了一点儿。善谈的阿丹没闲着，从上公交开始她就跟沈名扬扯起了自己小学时的朋友，一直讲到最近的星座运势。沈名扬的脸上一直洋溢着满足的微笑，仿佛这些小事听起来也很幸福。

偌大的会场虽然有不少人在座，却还是有些清冷，嘉宾讲话还是和想象中一样地冗长而无聊，等了半天颁奖典礼才开始。阿丹坐在座位上冲手指哈气时，就看见身边的沈名扬忽然站了起来往台上走。原来他也是获奖者之一，还是书法组的第一名，"会当凌绝顶，一览众山小"几个毛笔字写得龙飞凤舞、大气磅礴。市电视台的记者把摄像镜头对准他，他脸上自信的笑忽然让阿丹看得有些愣。直到沈名扬下台她才回过神说："怪不得你信上的字写得都那么好看呢，我可得好好留着，以后没准能卖大价钱。"

沈名扬不好意思地笑笑，凑到她耳边低声说："我从小就一直练着书法，还有那些信，还是别给别人看了，那是我写给你一个人的，不想让别人知道。"

不知道是不是错觉，阿丹觉得他呼出的气在脖子上有些痒，害得她整张脸都红了起来。她慌慌地装傻翻起了书包，正好看见了早上塞到包里的苹果，于是掏出来晃了晃，"你要不要吃？"

沈名扬刚接过来，阿丹就又说："可惜我就带了一个，你帮我掰开吧。"沈名扬接过苹果，像拧瓶盖一样轻松，两手一用力，苹果就脆生生地裂成了两半。阿丹一把抢过来笑，"哈哈，掰开了好都给我吃！我才不给你呢！"

可沈名扬也只是憨憨地冲她笑，并不来抢。阿丹看了看手里的苹果，最后还是坏笑着把一半塞到了沈名扬嘴里，"算了，赏你吧。"

时间从那时开始都活泼了起来，两个人小声地交谈起了以前只能在信件里传达的话，虽然沈名扬看起来像个傻大个儿，可其实心里却有着诗意的灵魂，像一本厚厚的百科全书，每一页都能让阿丹看到前所未闻的惊喜。平时里阿丹总是那个主动张罗说话的，可是跟沈名扬在一起，她才开始真正地安静了下来，听他讲那些稀奇古怪的小知识或神话故事也觉得无比新奇有趣，像是走进了奇幻世界的爱丽丝。直到典礼结束，阿丹才发现，自己早就感觉不到冷了。

沈名扬把阿丹送到楼下时，阿丹跳起来拍了拍他的脑袋，"其实我今天挺开心的，要是以后也有这样的机会就好了。"

沈名扬羞涩地笑笑，说："我给你讲一个故事吧。从前有一个猎人，虽然他表面很厉害，可私底下却胆小得很。有一天猎人发现，自己的身后竟然跟着一只大大的熊。熊不逃走也不攻击，只是伸着爪子冲猎人招招手。"

沈名扬也晃了晃自己的手，宽厚的手掌真的像熊掌一样，"其实熊比猎人要害怕得多，可是却还是没办法逃走。因为他知道，猎人有枪，一枪就能命中自己的心脏。无论他走到哪里也逃不出那致命的影响力，所以他只好傻傻地跟在他身后，等着他有一天回头。"

沈名扬刚说完就挥挥手转身跑走了，只剩阿丹在这里反刍着这个奇怪的故事，怔怔地发现安静的世界里只剩下了自己越来越快的心跳声。

5

第二天上学时，阿丹却觉得有些奇怪，身边的人都冲着她那边指指点点地私笑窃语，她冲别人打招呼时，也会看到对方盯着自己，脸上一副诡异的笑，像是自己的脸上粘上了饭粒一样。这样的情况一直持续到自己的死党来拍着桌子，兴奋地问她："欸，你是不是喜欢那个傻大个儿沈名扬啊？"

阿丹的脸唰地变了色，为什么会传出这样的谣言来？她回头看一眼，沈名扬还没来教室，难道是他和谁说了什么？她气急败坏地答："怎么可能！我眼光才没那么差！"

可这个消息像是滚雪球一样，不知为何变得人尽皆知，直到沈名扬走进教室时，口哨声立刻响了起来。沈名扬有些纳闷儿地往这边望了望，却只迎上了阿丹气呼呼的白眼。

答案很快就揭晓了，课间操的时候，学校报喜一样地宣传："祝贺我校高二3班沈名扬同学荣获市青少年书法组第一名，并播报于晚间新闻。"接下来的一段昨晚新闻的回放，让阿丹的血液都涌上了脑袋里。镜头集中停在台上沈名扬身上，可是接下来扫视场下观众时，却录下了这样的镜头，阿丹嬉笑着把苹果塞进沈名扬的嘴里，情侣喂食一样地亲昵。看见那样的自己，阿丹羞恼地直想挖个坑钻进土里。

原来身边的人都在拿这个笑话自己呢，全市的人都看见了啊，也实在太丢脸了。越想越后悔，阿丹把头埋在桌子上一上午都没怎么说话，身边的人看见了她的表情多少识趣地不再打趣她，直到放学时，沈名扬匆匆跑了过来，"小鸡血，你怎么了？"

心里的一腔怒火似乎都找到了发泄的路径，阿丹抬头喊："别叫我那么亲密行不行，我跟你很熟吗？！"

身边的目光都扫了过来，似乎现在就是翻身的最好时机了，阿丹故作镇定地握紧了拳头，撑着腰大声说："沈同学，我请你离我远一点儿，难道你没听见吗？陪你闹一下你还当真了吗？谁愿意理你啊！"

沈名扬的脸一下子白了下去，嘴唇抖了抖像是想说什么，阿丹没给他机会，接着顾自说着："以后也别在我桌子里放信，我怎么可能和你好啊，别做梦了！"

四下唏嘘声一片，阿丹骄傲地往回走，却不知道为什么腿迈得很辛苦，身体微微地在抖，眼泪马上就要掉下来了。

6

那谣言很快就因为当事人的反驳而安静了下去，据说有好事的人真的在阿丹的桌子里翻到了一封信，沈名扬的字体了然于目。于是大家都明白了，其实这一切只是沈名扬自己的妄想罢了，阿丹根本没拿这些当回事的，他们两个差距这么大，怎么可能啊。

阿丹也这么觉得，那之后她看到沈名扬都会嫌弃一样地远远避开。她安慰自己，那只是一些心理错觉罢了，自己喜欢的类型跟沈名扬一点儿不挨边的，有时候会觉得冷也是天气原因，和心情没什么关系的。

直到寒假时候的一天，表弟陪她一起去买东西，路上聊着天，阿丹却一直听不太清，不耐烦地抬头想让他大点儿声时却才看见，表弟其实一直都在说着话。身高的差距让她听起来有些费力，可是之前的沈名扬呢，他比表弟还要高啊，自己明明都能好好听到的。

努力回忆之后她才猛然想起，沈名扬每次和自己说话时，都是欠着身的，努力着缩短两个人之间的距离，温柔到了不必让她知道的程度。他用切身行动告诉了阿丹：你不必长高，我可以弯腰。

回来的一路上，阿丹都在回忆沈名扬的好：他细心地记得自己喜欢吃的东西、说过的话，还因为怕流言相传就每次等到人都走尽了才偷偷把信放在自己桌子里，而自己对那种感觉则是那样的怀念。阿丹才发现，原来早从一开始，她就喜欢上了那个给自己写信的人，温柔的片语只言让她从那时就陷入了暖暖的梦境，而那个星光明亮的夜晚，自己也早就为身边的睿智少年心动了。她想起了那个猎人和熊的故事，才忽然心酸地有点儿想哭。

猎人也在关心着熊，可是猎人实在太胆小了，他怕别人的目光，怕那些流言蜚语，于是很大声地吼熊，终于把伤心的熊赶走后，猎人才开始明白，寂寞是这样的可怕。

沈名扬这样告诉过阿丹，他喜欢她笑起来的样子，总觉得她开朗到心里没有一点点阴影，跟她在一起一定很开心。可是阿丹最后还是收起了自己的明朗，为了躲避流言，怒气冲冲地把和他的关系撇得一干二净，而且花了这么长时间才忽然看明白自己真实的心。

可是已经晚了，她躲着沈名扬不是因为自己心头的怒气，而是因为怕看到沈名扬在见到自己时会黯然下去的眼睛。阿丹已硬生生地把沈名扬喜欢自己的地方都捧得粉碎，让他以后在看到自己时想到的不是开心的笑颜，而是口不择言的冰冷话语。是她让夜幕的星空都陨落，再也回不去那样的夜晚，再也看不到他欣喜的笑脸。

阿丹一个人缩在床上狠狠地抹了抹眼睛，心里却酸涩得要命。虽然表现得那么响亮大方，可实际上最在意别人看法的人也是她。也许就是这样太多的介意、太复杂的想法让她离自己心底的本意越走越远，永远没办法像沈名扬一样做一个憨厚直接的人，勇敢地承认自己的喜欢，没办法在心上郑重地写上一个"敢"，也就注定只能做一个聪明的胆小鬼，一遍遍怀念那些不再属于自己的温暖。

再见，去痛片先生

骆　可

1

唐小可扔凉鞋时，周远正好经过班级门口，他看一眼唐小可，再看一眼躲在桌子底下的肖琛，似乎一下子明白了什么。

唐小可气得直跳脚，她觉得要不是肖琛，周远怎会匆匆走掉！其实她明白，就算没有肖琛，周远也不会因为她而停留。

肖琛怯怯地从桌子底下爬出来，手里拎着唐小可的那只粉红凉鞋，"说多少回了，你下次扔时能不能不扔脸！"

"你这种三百六十度全死角美男也怕毁容吗？"唐

小可没好气地白他一眼，故意将全死角三个字说得咬牙切齿！

周琛拍拍身上的尘土，也不恼，"难道你不觉得我属于那种颜值已经爆表的类型吗？"

唐小可这次连看都懒得看他，从他手中恶狠狠地夺过凉鞋，扭身走了。

像这样的戏码，几乎每天都会上演，只是偶尔道具会换成笔袋、椅垫、矿泉水瓶子、甚至钉书器这些凶器。

不光是肖琛习惯了，连周围被连累的"街坊"都见怪不怪了。只要唐小可手一举，肖琛百米之内肯定寸草不生！基本上唐小可刚一喊肖琛两个字，他周围的人便"嗖"一声没影了。

反正唐小可一有什么不顺心的事，大到高数考试不及格，小到去小卖部买水时没了西柚味的果维C，肖琛都会成为她下手的对象。

有一次，唐小可扔急了，最后看没什么可扔的，顺手从桌洞里一抓，半包开封的卫生巾就以天女散花的姿势落到了肖琛的头上……

就算唐小可长成个天仙，一般人也会和她说再见！结果肖琛将那些洒向祖国大地的卫生巾捡起来放回包装袋，语重心长地说了句："有本事你下次扔那个高数老头！"

很多人都不明白，肖琛虽然长得比李敏镐那个欧巴能差那么一点点，可放眼望去，整个大学里明着暗着喜欢他的女生也不下一个连啊！犯得着天天让唐小可这么蹂躏吗？

连唐小可同宿舍的曾书瑶都直抒胸臆，说唐小可要是不要你我要你！

面对众多疑惑的表情，肖琛说了句很富哲理的话："你以为你天天遛狗玩，其实没发现是狗在遛你吗？"

2

周远其实也没那么好看。

既没长成一张妖孽的脸，也没有看一眼就入心入肺的魔法，可唐小可就是喜欢。

高、瘦、一笑左脸会有一个浅浅的酒窝，这些成了唐小可喜欢他的理由。最重要的是对唐小可总是爱理不理。

他说喜欢女生长发，为了让头发长得快唐小可就天天洗头，哪怕大冬天里学校热水房还没开门，她就将刺骨的凉水浇到头上。

他说喜欢有点儿小肉的女生，唐小可便创下一顿饭吃六个馒头的纪录！

幸好他没说喜欢会背圆周率的女生，要不然她非得死在那个3.1415926……上面。

肖琛又一次被唐小可打到抱头鼠窜，趁她中场休息时，怯怯地问："你真的喜欢外语系的那个周远吗？"

唐小可重又举起的手顿在那里，眼睛眯成一条缝，死死地盯住他，"你该不会是喜欢我吧！"

"开什么国际玩笑！"肖琛臭着一张脸。

唐小可嘿嘿奸笑两声，"约周远的事要是办砸了，就等着给自己收尸吧！"

后来人是约来了，结果还带了一姑娘。

结局很明显，唐小可被负分滚出！走时扔下一句话，那个周琛倒是很配你！

小酒馆里，喝高了的唐小可自动开启了无理取闹模式。

先是摔烂了一套餐具，肖琛一顿早饭没了。接着又碰碎了收银台附近半人高的花瓶，肖琛一个月的午饭也没了。最后当她冲着放高脚杯的酒柜冲过去时，肖琛终于忍无可忍地将她扛了出去。

唐小可喝了酒，又被夜风一吹，胃里开始不停翻滚，吐了肖琛一身还不算，最后趴在他背上干脆开始干号，说我要是喜欢的人是你该多好！为什么我喜欢的人不是你呢？

是啊，为什么唐小可喜欢的人不是肖琛呢？

她说东，他不敢说西。她说虱子是双眼皮的，他立马去找一双眼皮的虱子出来证明她永远是对的。

曾经夜里十二点，唐小可突发奇想，打电话给肖琛，点名非要吃学校外五百米远的小笼包。

结果，肖琛真的将热气腾腾的小笼包用篮子给她吊了上去。代价是胳膊上打了一星期的石膏，连一向油盐不进的舍管大妈都举了白旗，说孩子再有什么急事，大妈给你开门，再别跳楼了，那可是三楼啊！

如此种种，换成一般姑娘大概早就从了。

其实也不是不喜欢。

一群人去广场看烟花，浩瀚的烟花缀满天空时，唐小可兴奋得大叫，和他又蹦又跳时。入冬第一场大雪，她偷握了雪球塞进他衣领，被他反手握住。一起去吃饭，他很嫌弃地将她嘴角的菜叶擦掉时……

可唐小可觉得还是差了那么一点点。

一点点感觉。

那个时候的唐小可，觉得这个比什么都重要，甚至比命都重要！

3

周远过后，唐小可又陆续换了好几茬男友。有帅得掉渣型的，有嘴甜得腻死人的，也有头脑简单善于奔跑型的，但无一例外，都是高、瘦、左脸有个浅浅的酒窝。

当然，也无一例外，都在天空中嗖嗖转了两圈后吧唧一声掉地上，寿终正寝。

因为唐小可面包只吃经典家的，对方一次两次后，忍不住埋怨，谁给您惯成这样的？

唐小可努力想了想，罪魁祸首是肖琛。

看电影，只坐第七排正中间两个位置。对方跑断了腿，恶狠狠地问道："你生下来就非得坐那儿吗？"

唐小可又努力想了想，罪魁祸首还是肖琛。

好不容易换了一个既能容忍她"面包强迫症"和"电影定位症"，还能陪她逛街的男友。结果逛到一半，唐小可直接脱了高跟鞋，眼神直勾勾地盯着对方的运动鞋。

对方不是肖琛，当然领会不到她的中心思想，要赶紧把脚上的鞋脱下来。于是，最后一个希望的肥皂泡也"啪"的一声，碎了。

唐小可回宿舍抱怨，都怪周琛，如果不是他给养成的那些臭毛病，她至于这么龟毛这么矫情，明明一巨蟹座偏偏弄得像处女座！

住在唐小可对面床的曾书瑶忍不住发话了："你别身在福中不知福！多少人还求不来呢！我可一直都是你最有力的接班人！"

"行啦行啦，全世界都知道你的狼子野心！"

"知道就好！"曾书瑶八卦地靠过来，"对了，你还不知道吧，音乐系的系花向肖琛表白了！"

"哦，是吗？"唐小可并无半点儿失恋的影子，也看不出对于肖琛的新欢有什么震惊，连打探的兴趣都没有。

她唯一的想法是，如果明天的选休课他占不到她喜欢的教授的课，她该找什么凶器比较好。

肖琛没有给她这个机会。

唐小可之所以选这个教授的课，完全是因为他长得像那个日本影星小栗旬。

这个教授的课堂堂爆满，所以占到座的概率并不大，唐小可悲哀地想，男友属性里还得再加一条：占座技能五颗星……

等唐小可举着书大叫"让一让让一让"，好不容易挤到肖琛身边，发现旁边一姑娘正用打探的眼神看着她。

唐小可指指肖琛，再指指那姑娘，"音乐系系花？"

肖琛用"不是她难道是你吗"的眼神回答了她。

唐小可皮笑肉不笑地伸出手，"系花你好！"

系花姑娘也很友好地回握她，"我知道你，唐小可。"

"怎么？"唐小可不好意思地挠挠头，"我残害老弱病残的光荣事迹这么快就人尽皆知啦！"

系花一努嘴，"你自己看。"

后一秒，唐小可有一种万念俱灰的感觉。那张比无头女鬼好不了多少的大头照，正触目惊心地飘浮在肖琛的手机屏保上。

"肖琛，你大爷的！"那是唐小可上次喝多时，被肖琛偷拍的。

"别那么小气，用来避避邪而已。"那一刻，唐小可突然觉得不喜欢肖琛是非常明智的选择。

4

十个手指头还没数完呢，系花就和肖琛分开了。

至于原因，肖琛藏着掖着不肯说。唐小可顺手飞过来一手机壳，据说她的高等数学又考砸了。

肖琛一不留神，没躲过去，被手机壳砸个正着，血顺着额头就下来了。

唐小可被这突如其来的状况吓蒙了，半天才回过神来，冲过去胡乱摸一纸糊脑门儿上，"你说我这刚得手一帅哥，你就用这种方式来给我庆贺，多不合适，这礼也太大了。"

肖琛大概被她弄疼了，一把扯下脑门儿上的东西，气呼呼地瞪她，"小心最后变成鸡飞蛋打！"

是的，唐小可又恋爱了。

医大的高才生。

不光高、瘦、左脸有一酒窝，还是传说中的富八代，从祖上冒青烟开始就是有钱人，张嘴上市，闭嘴道琼斯指数，当医生纯属业余爱好，据说当初考医大是闭眼考上的。

肖琛"哦"一声算对唐小可新欢的认可。

"只是……"

只是什么呢？唐小可没有将后半截话说出来。

等到富八代的正牌女友找学校里闹，肖琛才知道那句"只是"里的含义。肖琛赶到时，战争已经处于收尾阶段。

正牌女友披头散发地坐在地上，问候着唐小可家所有女性亲属。再看唐小可除了裙子破了一角，身上连根汗毛都没少，肖琛算松了口气。

说了一箩筐好话外加两箩筐的保证，送走正牌女友后，肖琛将唐小可拉到操场，声音里透着藏不住的怒气。

"说说吧！"

"说什么？"

"那个富八代！"

"我连他名字叫什么都不知道，说什么。"

那是唐小可第一次见肖琛发火，他把拳头握了又握，最后从兜里掏出一盒药来。

估计她要不是个女的，他肯定上去揍她了。

"你病了吗？是被我气的吗？"唐小可就是那种典型的不小心把人杀了，还追着人家屁股后面问，是我吗真的是吗，把你送到阴曹地府的那个人真的是我吗？

肖琛已经放弃了和她对话的打算，一把从唐小可手中把药夺回来，指指胸口的地方，"我不光这里有病！这儿！"又指指脑袋，"也有病！"

理亏的唐小可这次没有还嘴，可是……他刚才指的地方明明是心脏，难道他……

心！脏！病！

唐小可被这个事实惊到了，他还那么年轻……可不对啊，没听说哪个心脏病人要吃去痛片的啊？

"哎！哎！你别走啊！你脑子没问题吧，大男生吃什么去痛片！哎……"

5

去痛片先生已经整整一个星期没理她了。

唐小可打电话，他不接。厚着脸皮去宿舍找他，他不在。就算在食堂里故意拦在他面前，他竟然面无表情地问："同学，我们认识吗？"

唐小可一口恶气憋在心里，默念着大人有大量、大人有大量……

"肖琛，别说我不给你机会，我查仁数，还要不要做朋友你来选！"根据以往的经验，等到唐小可转过身，肖琛写一百页自我反省是没个跑。

可这次，等唐小可转身，偌大的食堂里肖琛竟连个鬼影都没有！

后来唐小可自我安慰，男生也是有尊严的，偶尔也得让他使使性子，需要在上面端一会儿，再从台阶上下来。

唐小可知道曾书瑶和肖琛在一起，已经是半个月后。

这半个月里，唐小可和肖琛很默契地玩了一种"看谁先找谁"的游戏。结果，不相伯仲。

当然，唐小可也没闲着。

这次，她认识了一个美院的男生。

那男生粗犷、另类，和美貌半点儿搭不上关系。所有人迷惑唐小可的审美越来越走下坡路时，一个大雷"咔嚓"一声在她头顶上，炸了。

她瞬间有了一种自己家窝里的鸡蛋被邻居偷走的失落和愤怒。

失落是因为再也没有经典面包，没有第七排中间两个位置，没有光着脚拎着高跟鞋走在后面的男生……

愤怒是那邻居之前还曾半开玩笑似的警告过她！得手后，居然一点儿都不觉得愧疚，因为她提醒过她。

好吧，你看有的姑娘矫情，是因为有人愿意让你矫情。

如今的唐小可开始啃小超市三元钱一袋的起酥面包，看电影随便找个座位便开始昏昏欲睡，至于逛街这种体力活还是留给有男友的广大女青年好了。

看着曾书瑶买爱心早餐，亲手做猪油松子枣泥饼，煲很久的电话粥，将肖琛的衣服晒满阳台……唐小可想发火，却没个理由。

是她不要他的呀。

而且还有个美院的男生在那儿杵着呢。

人们感慨，之前的男生，她还有资本拿出来显摆。如今这个，怎么看怎么像公交车上猥琐二手男青年！

唐小可切一声，"你们懂什么，没看到他左脸有个酒窝吗？"

彼时，美院男生已经约了她三次去看画，打了无数电话，发过无数短信。

唐小可突然意兴阑珊，提不起半点儿兴趣。

她在想，从什么时候开始，哪里不对了呢？肖琛怎么就和曾书瑶在一起了呢？

音乐系系花那会儿，她还用一种看热闹的姿态，现在怎么就冒出来不甘心？不甘心到底源自于哪里？

想了一会儿，没有答案。

至于肖琛，该不是最近得了什么绝症，烂俗到为了不拖累她演出戏气她吧？可哪儿有那么多巧合？

想了一会儿，还是没有答案。

没有答案的人生也要继续，可人走背字真是哪儿哪儿都不顺心，连学校里公认学分最高随便混混都能及格的羽毛球选修课，她竟然都挂掉！

挂科就要重修，重修就会心情不好，心情不好就……

于是，唐小可再一次习惯性顺手一抓，一超大号游戏机正要以定位远投的方式扔出去时，曾书瑶死死地护在肖琛面前。

"唐小可，你够了！"

唐小可愣在那儿，她以为说话的是曾书瑶，结果却是反手把曾书瑶拉到身后的肖琛。

他说唐小可，你真的够了！

6

原来，我们都能勇敢地面对你爱的人不爱你，但谁都无力面对一个爱你很久的人转身离去。

一个小时前。

唐小可气呼呼地掏出电话，在上面飞快打字。

美院男生再一次邀请她看画。

她回好，时间，地点。

唐小可去了就后悔了，她连他到底长什么样都没完全记住，那男生将门闩一插，直接将她按倒在沙发上。

唐小可急了，问他想干什么。

男生打定了主意，"你来不就是来研究艺术的吗？"同时手上也没闲着。

情况十分危急，唐小可使出吃奶的劲儿用力踹过去，对方惨叫两声后啪啪两巴掌扇得她眼冒金星，在那么多的金星里，她看到肖琛像那脚踩七彩祥云的至尊宝一样，朝她飞奔而来……

如果时光就此打住，也不失为一种美好。

她是他的紫霞仙子，他是她的至尊宝，唯独那个倒在地上的牛魔王差点儿命归故里。

她死死抱着他，惊魂未定，却又似有千言万语。

肖琛两只手想回抱住她，那是他想了千百次的画面，可最后只能无力地垂在那里。

手机拼命地响。

唐小可像一尾濒死挣扎的鱼，心里喊着一万遍不要走，嘴上却发不出任何声音。

时间一分一秒地过去，电话终于归于寂静，肖琛两手用力将她的双臂拉开，喉结艰难涌动着，"曾书瑶在等我。"

他说。

曾书瑶在等他。

这期间，唐小可很想拼命拉住他，拉住那稀薄的希望，可她知道，她只能放手。曾书瑶说的没错，如果她不爱他，只有她放手，他才会继续静静地往前走，哪怕那前面再也没有她。

她终于体会到他的那种痛，那种吃去痛片也无法缓解的痛来自四肢百骸，来自身体的每一个地方、每一次呼吸、每一次绝望。

不是不爱，是不能爱。

她每次恋爱，失恋，再恋爱，他都是场下最卖力的那个观众。他把她宠上了天，好让那些人都受不了她。他宁愿和系花分手，也不肯换掉手机上她的照片。他觉得只要他等得足够久，她总有喜欢上他的一天。

只是现在，他怎么就不能再等一等呢？只要那么一小会儿，也许她就会回头，就会和他在一起，说一声谢谢你一直在这里。

可她知道，她永远都不会回头，因为肖琛永远都不会知道，她是一个隐性肺动脉高压患者。

而她喜欢的人，一直都是他啊。

什么差了一点点感觉，不过是她用来安慰自己自欺欺人的一厢情愿。

唐小可永远都记得第一次见肖琛时的样子。高、瘦、左脸一笑有个浅浅的酒窝，眉端似覆了湾温柔的春水。

至此，她以后的男朋友，无一例外都成了他的影子。她要用那些影子来阻挡爱他的那颗心。

四月阳光下，他说唐小可，你让我想起了一句诗。

春风十里，不如你。

照亮记忆的归途

八九十枝花

张爱笛声

1

同安镇上的那个孤儿院，建筑年久失修，在一次强烈台风过后发生了倒塌，幸运的是孤儿院里的十一名孩子安全无事。台风过后的第二天早上，院方贴出了一条横幅，上面只有一行字：给这里的孩子一个风雨撼不倒的家吧，他们本应享受温暖与爱。

很多人在孤儿院门前停下了脚步，他们看着那行字，静思良久，终究还是摇摇头，走了。同安镇是个小地方，普通人家养活自己的孩子都已经不容易，还怎么有余心去领养孤儿院的孩子呢？

第三天下午，终于有人走进了孤儿院的大门。他和院长说，我孤家寡人一个，孩子跟了我，我一定把自己能给的都给他。

即便如此，院长还是心存许多疑虑。眼前的这个人，镇上的人都喊他"怪人"，还有的人喊他"毛子"。他离群索居，从不与镇上的人打交道，他连一份正式的职业都没有，他怎么能给孩子一个家呢？最重要的是，他有家族遗传病，他全身长满了毛，像是远古时候的猿人一样，几乎所有人都在远离他。这样的他，孩子们怎么敢接近呢？

可是他站在那里，端端正正，神情急切。他的手里捏着所有领养儿童需要的材料，看得出来，他是真心想要领养一个孩子的。

院长决定，让孩子们自己做出选择。当她把那人领进屋子的那一刻，孩子们发出了惊恐的叫声。胆小的孩子躲到了桌子底下，胆大的几个男孩子大笑着问他："你怎么全身都是毛？你是不是美猴王啊？"

"你好怪，你一定是孙悟空变出来的，哈哈哈哈哈……"

然而那人一声不吭，仿佛别人取笑的对象并不是他。他环视了一圈，这十一个孩子，有人在大笑着他的长相，有人被吓得躲在墙角哭泣，只有一个女孩，她蹲在墙角，一双大大的眼睛始终注视着他，没有惊恐，也没有不安。他缓缓地走向女孩，女孩也起身，缓缓走向他。

女孩平静的眸子突然漾起一丝波澜，她笑起来，像是寒冬的阳光,她唤他:"多毛爷爷"。

那一声叫唤,让他的心顿了一下。已经好久好久,没有人用这样的语气唤过他了。他想起了他的母亲,只有他的母亲会用这样的语调轻轻唤他,仿佛他只是世间千万人中最平凡中的一个,而不是人们口中的"怪人"。他差点儿热泪盈眶。

"多毛爷爷。"女孩又叫了一声,"你把我带回家好吗?"她捏着他的衣角,小心翼翼地问着他。

他当下就决定了,他要领养这个孩子。她的眼神里,既没有对他表现出厌恶,也没有表现出恐慌,而且,她还渴望温暖。那么,就是她了。

他牵了她的手,对院长坚定地说:"我要领养这个孩子。"

领着她走出孤儿院的时候,他在街边给她买了一身新衣服,他说:"忘了你在这里的名字,以后你跟我姓,我姓石,你以后就叫石枝花。"

"为什么叫石枝花?"小小的她觉得这个名字并不好听。

他牵着她的手一边走一边念:"一去二三里,烟村四五家。亭台六七座,八九十枝花。"

2

他看起来比同龄人沧桑许多，她一直叫他"多毛爷爷"。她不知道的是，领她回家的这一年，他才三十九岁，如她父亲般的年纪。

他们住在镇里最偏远的地方。她去镇上的学校念书，他就在家里做好饭菜等着她；他在果园里栽种果树，她就在身后做他的小尾巴；他为了生计去做苦活，她小小年纪就开始学习编竹席，只为了能减轻一点儿他的负担。

人们都说，这小孩子命苦，从孤儿院出来，又摊上这么一个怪人，小小年纪就得当家。她却一点儿也不觉得苦，从前在孤儿院里，总感觉自己像浮萍，无依又无靠，吃了一顿饱饭，还会担心下一顿会不会饿着。来慰问的人不少，但眼里总是盛满了同情与怜悯，她嘴里含着他们送来的糖果，心却是苦的。现在跟了多毛爷爷，她知道，即便外面下了暴雨，她也有个可以遮风的家，家里还有多毛爷爷为她熬的一碗热汤。

多毛爷爷患有一种怪病，这种病从他出生开始就一直伴随着他。他全身几乎长满了毛，连耳朵里都长出浓浓的毛发。小时候他被人称为"毛孩"，长大了就被人称为"毛子"，没有人愿意接近他，他慢慢开始离群索居，变得越来越孤僻。看了很多医生，治疗过好多年，却一直如此。

他喜欢喝酒，每周都要喝上两回，她是给他倒酒的那个人。他酒量很小，常常喝了三小杯就会醉。他醉了就会说很多很多的话，所以她也知道了一些他的故事。

他的病是家族遗传病，他的爷爷，他的父亲，他的二叔都像他一样，全身长毛。只有他的三叔，还有二叔的儿子，才是正常人的身体。他抱着侥幸的心理，在二十三岁那年娶了一个眼睛失明的女子，可是命运终究没有眷顾他，他的儿子，也和他一样，从出生开始就饱受他人冷眼与嘲笑。

他的儿子在九岁那年，因为忍受不了同学的取笑与病痛的折磨，跳进了一条河，再也没有上来。他的妻子改嫁，临走前和他说，你这种人就不应该要孩子，你什么也没给他，只给了他一身怪病。你就在这里孤独终老吧，别出去吓人，也别奢望有家庭与亲人，你不配啊。

他喝醉酒就会流泪，哭得像个孩子，嘴里不停唤着"妈妈……妈妈……"哭累了，他就会抱着她，给她念诗："一去二三里，烟村四五家。亭台六七座，八九十枝花。"

他的母亲是在他上一年级的时候去世的。他还记得那一天，他刚学了首新诗，兴奋地跑回家去想要念给母亲听，却只看到了母亲一动不动地躺在床上。她是上山给他祈福的时候摔死的，因为他的病，她什么都开始信，别人说吃中药能治，她就到处寻中药。别人说山上寺庙的神很灵验，她就每月初一十五都去祭拜。她到死的一刻，衣服的口袋里都装着一张符，上面写着：希望儿子能健健康康。

母亲走后，他就辍了学。他认识的字不多，只会简单书写他的名字，也只会背一首诗。

石枝花终于明白了他为什么要给她取这个名字。这个苦命的多毛爷爷啊。她叹了一口气，又给他倒了一杯酒。

3

他没有固定的一份工作，家里多了一个人后，日子便过得紧张起来。为了让石枝花过更好的生活，除了侍弄家里的那一个小果园外，他又做起了摩托车司机。

别人是白天工作，他则是在晚上。每晚八点后，他就穿上长衣，戴上头盔，开着自己的车上街去载客。这份工作很辛苦，但他也很快乐，因为黑夜中，没人看清他的脸，戴着头盔的他俨然成了一个"正常人"。

但也遇到过一次意外。在一个深夜，他在收工回家的路上救了一个昏迷在地的年轻女孩儿，把她送到医院，又照顾她到第二天早上，才放心离开。女孩儿醒后，戴着家人天天在他平常载客的路段等，非得当面感谢他这个恩人。他腼腆善良，不知该怎么拒绝别人的好意，于是答应了女孩儿家人的宴请。当他在饭桌上摘下头盔的时候，那一家人齐齐变了脸色。女孩儿奶奶匆忙塞给他几百块钱，说了几句谢谢之后就急不可耐地把他送出了门。他在门口还隐约听见那一声声的议论，以及那一句"不祥之人"。

谁也不知道他心里是难过还是已经麻木。

那天回家时，他还给石枝花买了一个新书包，还有几本书。他一手抱着她，一边用手摩挲着那几本书，他说："你好好读书，以后念到博士。不要和我一样，做什么都被人看不起。"

她似懂非懂，却还是重重点了头。因为她敏感地捕捉到了他的难过。

4

那是一段平淡却快乐的时光。

石枝花十七岁那年，镇上来人告诉她，她的亲生母亲想要见见她。十几年杳无音讯的人，平白无故地出现，就好像一座无人问津的孤坟突然冒出了烟。石枝花冷冰冰地说了一句"不见"，就再也没有把这件事放在心上。

一个陌生女人出现在家里，是她始料未及的事。她在看到那人的第一眼，就开始手足无措，她扯开嗓子喊："多毛爷爷，多毛爷爷……"

多毛爷爷此时在果园里劳作，听到声音心急火燎地往家赶。那女人紧紧抓住石枝花的手，"小苗，我是妈妈啊。你不认识妈妈了吗？"

她声泪俱下，石枝花心生恐惧。她也喊叫了起来："你认错了人，我不叫小苗，我叫石枝花！"

家门口慢慢聚集了越来越多的人。从来没有人愿意靠近过她的家，此时他们的脸上，都是一副看好戏的神情。

孤儿院的院长、镇上的领导都来了。

院长说："这就是你的亲妈，她来看你了。"领导附和着说："你马上要上大学了，毛子根本就负担不起你的学费，你妈现在生活挺好，能照顾好你，你看，你要不要跟着妈妈走？毕竟，血浓于水啊。"

血浓于水。她看了一眼在她面前站着的女人，再看了一眼院长。她还记得自己刚被送进孤儿院的那天，院长和她说："你妈太狠心了，据说扔下你的时候连头都不回一下，现在人也找不到了，天下竟然还有这种无情的妈。"她又想起多毛爷爷领她走出孤儿院的那一天，她在心里暗暗发誓，从前的一切都与她无关，她只有一个亲人，就是多毛爷爷。

女人看着石枝花脚上穿着的一双旧布鞋，眼里噙满了泪，她从手提着的袋子里掏出一双新皮鞋，往石枝花脚上套，"小苗，妈妈也是没有办法，这么多年我也是不容易，我现在生活好一点儿立马就回来找你了，哪儿有当妈的不爱女儿的呢，我当时真的没有办法。"

那双黑色的小皮鞋真的很漂亮，在她七岁以前，她曾无数次梦到，她的妈妈回来找她，给她买很多的漂亮衣服和鞋子。可是，她今年已经十七岁了。

石枝花冷静地拨开女人的手，"既然这么多年都不管不顾，何必再回来找我呢？我明年就成年了，我早就不需要妈妈了。"

多毛爷爷在这时候冲了进来。石枝花从来没有见过这般恼怒的他，他嘴里嚷着："谁敢带走她？谁敢带走她我就和他拼命！"他把石枝花护在身后，她看到他那微微颤抖的手指。

屋外的人慢慢散开，院长叹了口气，也和镇上的领导一同离开了。最后剩下的，只有那个女人。

她开口道，"你照顾小苗这十年，我无以为报，我愿意把我这么多年的积蓄都给你，你把小苗还给我吧，我是她的妈妈啊。"

他一声不吭，拿起了旁边的扫帚，示意她马上离开，不然他就要赶走她了。

她却不急不忙地说："你好好想想吧，你能给她什么呢，就算她今年考上了大学，你付得起学费？"

他抬起扫帚，重重地打在了她的身上。他大吼着："我付得起！你给我滚出去！"

石枝花被眼前的这一幕吓住了。她从没见过他打人，甚至连骂人都没有，但是今天，他打了一个女人。

那个女人离开后，石枝花躲在房里一直不肯出来，她说不清楚自己为什么难过，但是胸口却真的如同塞了一把棉花，轻轻地，没有间隙的难过。她一直啜泣，累了就睡过去，一直睡到晚上。

　　她起床的时候多毛爷爷已经出去工作。茶几上放着一页纸，上面的字歪歪扭扭：对不起。只有三个字，她却仿佛看到不识字的他带着愧疚神情练习数遍的模样。他留下了六百块钱，还有他藏在柜子深处的三个金币，那是他最宝贝的东西。

　　她明白他的意思，他是说，如果她想离开，那就带着这些东西离开吧。

5

　　可是她又怎么可能会离开？

　　没有妈妈的陪伴，那就算了吧，反正这么多年，一样过来了。她深知多毛爷爷培育她有多艰辛，所以她愈发努力，从不敢辜负他的任何一个期待。

　　从大学念到研究生，又从研究生念到博士，多年以前对他的承诺，她做到了。没有人再敢看不起她，顺带着连多毛爷爷，那些人的眼神里也开始透出敬佩，再也没有人喊他"毛子"，开始有人愿意到他们的家里来走动，在路上碰见他们也会善意地打招呼了。

照
亮
记
忆
的
归
途

照亮记忆的归途

061

她在大学里任教，他是开车送她的那个人。他不敢陪着她走入校园，他总把车停在门口，对她说："从前的小女孩长大了，现在成了大学老师。爷爷以你为傲啊。"

她结婚生子，他是最高兴的那个人。她的女儿出生后，也喊他"爷爷"。这一年，她三十一岁，他六十三岁。她无数次想改口喊他一声"爸"，也总是开不了口。

他的晚年过得幸福安康，这是她最欣慰的一件事。他是在一个寒冬的上午离世的，她在讲台上听到这个消息，瞬间号啕大哭。丈夫告诉她，他走的时候很安详，是在睡梦中走的，没有一丝痛苦，就好像是去往另一个向往的国度一样。

她心里是有遗憾的。前几日他过生日的时候喝了点儿酒，微醺之后他喊了她一声"女儿"，她一时没反应过来，懵懂地望着他，也没应他。他戚然地低下头，假装昏睡过去。她想，如果自己没有那么忸怩，只要应他一声，他是不是会高兴得开怀大笑？

她把他葬在离家不远的一座山上，那里埋葬着他的母亲，他的儿子。他的墓碑上，是她亲自题的字：

父亲　石远礼。

没有人问过他的姓名，也没有人在意过他的姓名，在这个所有人都喊他"毛子"的世界里，只有她，偷偷记住了他的名字，他叫石远礼。他曾来过这个世界，他陪伴一个叫石枝花的女孩成长。

她仿佛听见远处有人在念一首诗：

一去二三里，
烟村四五家。
亭台六七座，
八九十枝花。

每个人都有一座忘不了的城

陈小艾

1

对我来说，天津一点儿都不陌生，从我住的小城到天津坐大巴不过三个多小时的车程，后来高考后我到北京读大学，去天津变得更加便捷。

天津之所以对我来说有些特别，还因为梁川。遇上他之前，我在小城生活了十几年却鲜少有机会到外面的大世界看看，所以，梁川的到来就像一个巨大的谜团降临到我的生活里。

高三开始前的那个夏天，本该撒丫子欢天喜地玩的暑假被学校老师召回去补课，提前开始了我们的高三生活。那天数学课上，大家正在为一道空间几何证明题愁眉不展，就在这时教室的门被推开，班主任带了一个瘦高个儿男生进来，宽大的白色T恤套在身上，周身散发出一种格外干净的气质。

那是我跟梁川第一次见面。他明亮如宝石般的眸子里盛满了温柔，我瞥了他一眼，然后把目光收回来，鬼使神差地举手主动站起来回答了黑板上老师写下的那道难题。

思路新颖又清晰，这是数学老师给我的评价。后来梁川告诉我，当时我就给他留下了深刻的印象，他在心底认定我是那种冰雪聪明的女生。

梁川家在天津，由于山东的教育质量盛名在外，所以家里托人把他送到了奶奶家在的这座山东小城来念一年高三，来年直接回天津参加高考。

因为知道梁川总有一天要回去，所以我在心里从未想过会跟他之间扯上千丝万缕的联系。倒是梁川，他总是借故向我请教问题、跟我搭话，偶尔还会在早读课前塞袋牛奶给我。高考面前人人如临大敌，所以对他这点儿热络的小心思我假装不懂。

从小到大，我好像一直是那种毫不费力便能走在前面的女生，每次考完试的红榜上总是站在最顶端傲视群雄，再加上生得还算清秀，情窦初开的年纪里身边也曾簇拥了不少为我塞情书示好的男生，只是我的这颗心从未想过为谁停留。

慢慢地他们可能觉得关于我的这个梦太遥远，在自我否定之后便开始选择纷纷放弃，毕竟那个年纪的男生还没有太大魄力把一颗真心孤注一掷，只为一个爱而不得的人。

但梁川跟他们都不一样，我的不回应并不令他气馁，他很快便跟身边人打成一片，迅速在这里结交了很多好朋友，每天活得风生水起，却又一直坚持对我好。

我的心开始出现摇摆是在高三一模后，那是我有史以来考得最糟糕的一次，即将到来的高考和众人的殷殷期待让我觉得连喘息都变得艰难。成绩揭晓的那天，下午放学后，我一个人在教室里发呆，梁川从教室门口忽然冒出来拍了我的肩膀一下。

那个下午他具体跟我说了什么安慰我的话我已经记不清了，只记得他在提到过几天休大周末他要回趟天津时，我主动提出来要跟他一起去那里看看。

2

那段时间我心里太紧绷了，整个世界里好像只有高考，换个环境也许能换种心情。就这样我跟梁川在小城车站坐上大巴一起出发了，路程不算遥远，吃完早饭出发在午饭前便赶到了。

终点站是在河东区的一个客运站，我们从里面出来，附近正在修路，到处尘土飞扬，我脚上的白球鞋没多久便变得灰扑扑的，梁川拦下辆出租车将我们送到附近的地铁站。看到梁川在前面排队买地铁票，带我过安检，我跟在他身后有一种难得的心安。

天津是个让人觉得很舒服的城市，初来乍到我便被她俘获了芳心。当天下午他带我去了南开大学和天津大学，初春校园里开始有几分绿意，到处都是来往的学生，我站在其间忽然觉得内心开阔，心情大好。校园里粗壮的树和古朴的建筑作为岁月流淌的记忆驻守在那里，让我不禁对这两所百年老校的浑厚与大气肃然起敬。

在南开大学的马蹄湖边拍照的时候，梁川在一旁告诉我，每年六月这里都会有盛大的荷花节，每到那时荷花盛开，学子流连，是一年之中校园里最美的时候。

我在一旁默默地想，如果秋天到来时我跟梁川能在同一座城市上大学，那我便接受他炙热的心意。

从学校里出来，梁川带我去吃了天津的名吃狗不理包子，舟车劳顿的疲惫很快在热气腾腾的美食面前一扫而空。就是在那一刻，坐在四周都是操着地道天津话的食客的饭馆里时，我心底才生出那种真实的感觉，这座曾经因为春晚舞台上的相声演员冯巩而格外着迷的城市，我终于到了。

天津街头巷尾有很多欧式建筑，能让人感受到扑面而来的异域风情。现代都市的摩登时尚与时代留下的深刻烙印在这里水乳交融、相得益彰，而骨子里生性幽默感十足的天津人则又让这座城市增加了不少魅力。

走的那天梁川带我去了繁华的滨江道商业街，作为一个从小城走出来的姑娘，望着漂亮的街景和如织的人流，我在他身边不肯举步。

离开天津的那天，天空飘起了小雨。梁川撑着伞跟我奔跑在路上一起去车站赶回小城的大巴，在大巴开动前几分钟我们顺利坐到了座位上，他把行李放置妥当后从随身的书包里给我掏出一大袋子零食来。

大巴从车站里缓缓开出来，我透过车窗打量着这座城市，湿漉漉的街道好像挂满了水汪汪的故事，我只是忽然有点儿难过，这座城市我来过一回，但以后这里不管会发生什么故事，可能都跟我无关了。

3

到小城时已是傍晚，我在异乡时对小城的思念随着一碗热滚滚的麻辣烫逐渐安静下来。

回学校后又是愈发忙碌的备考期，高考越来越近，因为焦虑，身边不少人的情绪开始有些不太稳定，有时哪怕仅仅一句玩笑也能让人失控。我也不例外，在这样剑拔弩张的紧张气氛里，我的情绪爆发了。

那天大课间时我翻箱倒柜找不到数学改错本，那厚厚一本是我进入高三以来整理的全部错题和各种重点题型的解题技巧，心急如焚之际梁川笑眯眯凑上来把本子递给我。

原来在我不在时，梁川拿去看了看。现在想来不过是一件寻常的小事，但当时一股无名之火却忽然冲了出来，"我最讨厌别人随便动我东西，你以后不要动我东西。"

我看到梁川的嘴角动了动，没再说什么，转身回了自己座位。因为我声音太大，班里有不少爱起哄的男生摆出一副看热闹的姿态，我听到有人在那里窃窃私语"他俩不是关系挺好的吗？这么点儿小事发这么大火"。

如今回想起来当时那件事真的伤害了梁川，只是在当时那种情况下，我一直昂着头不肯向他低头认个错。从那之后一直到三模考试，我们都没再说过一句话。三模之后没几天梁川便回了天津，他来小城念这一年高三原本便是要补一补功课，还是要回到原籍参加高考。

望着他空了的座位有时我会觉得心里空落落的，但高考在即，我根本没有时间去多想这些。有时我也会觉得自责，曾经梁川就像一个老朋友一样闯入我的生活，很多情绪不用出口，他便早已了然于心，我得承认相处的这一年我从他那里获得的温暖与鼓励远比自己给予他的多。

后来我在高考中拿了一个漂亮的分数，顺利考入了北京一所重点大学。作为一个在北方小城里长大的姑娘，其实我一直格外向往南方的那片山水，但或许是因为梁川，我才决定在北方心甘情愿地扎下根来。

我永远不会忘记，正是高三那个他带我"出逃"到天津的周末，为我打开了一扇门，他带我看到了外面的斑斓世界，最后为高考冲刺的那段时光我才变得更加劲头十足。

后来班里仍跟梁川有联系的同学说，他顺利考进了南开大学，留在了天津，即将在那座他生活了十几年的城市里开始全新的大学生活。

4

到北京上大学后，去天津变得更加快捷。去火车站、汽车站买张票随时都能动身出发，我心里无数次动过那个去天津找梁川的念头，但最终又因为这样那样的原因掐灭了。

那年六月，在朋友圈里看到高中同学晒出南开大学荷花节的照片，满湖的荷花在细雨中娉娉婷婷地立着，我盯着这几张照片看得出了神。

第二天一早我便买了去天津的车票，下车后立马打车去了南开大学。我已经不像两年前初来这座城市时那样青涩慌乱，这次我怀着特别的心情，来认真审视这座刻满他成长痕迹的城市。

校园里到处都是慕名前来赏荷的市民，我就混在这拥挤的人潮中被人推着往前走，两年前跟梁川一起来这里的情景仿佛近在眼前，好像什么都没变，又好像什么都变了。

这就是梁川生活的校园，这两年，他一定更优秀了，那双眼睛更明亮了，性格依旧那么开朗，喜欢结交新朋友，身边簇拥了不少喜欢他的女生，但这一切，都与我无关了。

那天我在马蹄湖边站了很久，看到很多背着相机举着手机的人对着满池荷花一个劲儿拍照，后来过来一个背着单反相机的男生过来拍我肩膀说："需要帮你拍张照吗？"

他笑起来的样子有点儿像梁川，我望着他有一瞬间的失神，继而婉言拒绝了他的好意。

5

我没去找梁川。回北京的路上，我一直在想，也许这次来，在天津的街头巷尾，我跟梁川有过擦肩而过的瞬间，只是时光这条河流将我们分隔到不同的两岸，我们之间的故事终究是只有一个潦草的开头却没有一个像样的结尾。

我这次来天津，不是为了追求什么求证什么，只是为了到他生活的这座城市来看一眼。不开始也有不开始的好，至少想起来那段过去很温情，很洁净，没有随之而来的不必要的烦扰。

　　只是，在我心底我一直清楚地知道，今后不管走多少路，去多少地方，天津对于我都是一个有特殊意义的城市，因为曾有一个没来得及发生的故事与之有关。

吹过旧钟楼的风已改道

池薇曼

1

老教堂旁的钟楼敲响晚钟，落日余晖躲在建筑物间玩捉迷藏，飞溅的喷泉金光四散，遍布欧式建筑的宁静小镇，恍如童话世界。

风里的暑热未散，沈绯怜就带无常出去遛。

无常是只半岁大的边牧幼犬，近期，沈绯怜每天都会训练它捡球。路上行人稀疏，想起某部热血棒球动画男主角帅气的投球，她忍不住抡圆胳膊，投出个漂亮的直球。

幼犬朝球的方向撒丫子狂奔，沈绯怜气喘吁吁地追上去，就听见无常在吠。

她扔的球，砸中了一位美少年。

旧钟楼穿堂而过的风凉爽，空气弥漫开草香，沈绯怜跪在美少年的"尸体"边。她掌握的急救知识匮乏，完全派不上用场。她试图把少年搬回家，却发现他的身体烫得吓人，便找来冰袋给他敷上。

不知过去多久，少年虚弱地睁开眼。

他墨黑的瞳孔水雾氤氲，两颊泛开红晕，淡粉的唇润泽有光，残阳将尽，他就像随夜幕降临的妖精。距离靠得太近，少年呼出的炽热吐息，让她的脸颊迅速发烧。

少年的视线聚焦，沙哑的声音格外好听，"你怎么了？"

"啊啊，我不是故意靠这么近的……你发高烧了。"他不会误会她图谋不轨吧？

街灯点亮，沈绯怜语无伦次地试图向他解释，却越说越乱。美少年拿着冰袋听她辩解，他听着听着，忍不住笑了起来。

"谢谢你的冰袋，我感觉好多了。"少年站起来，夕阳在他身后彻底没入地平线，"我叫殷煦光，是来写生的。你好像误会了，你的球没有砸中我，我晕倒应该是发烧的缘故。"

欧洲风格的小镇终年游客不断，加之毗邻学区，周末时常有艺术生来写生。少年收拾画架时，无常低头嗅他的裤脚，他友好地弯腰摸了摸它。

天色已暗，高烧未退的少年走到车站，却错过了末班车。

"要不，你到我家住一晚，明天烧退了再走也不迟。"

带着无常追上来的少女，眼底是诚恳的神色，少年想了想，反正也无处可去，便答应了。

2

站在沈绯怜的家门前，殷煦光露出不可思议的神色。

少女说的家，竟是小镇最有名的童话主题游乐园。闭馆时间过去，七色的发光摩天轮在暗夜里缓缓旋转，旋转木马安静地沉睡，背景音乐如梦如幻。

沈绯怜蹑手蹑脚地抱着无常，给殷煦光带路，最里边那座城堡式建筑，就是她家。小时候，住在城堡里可是她的骄傲，逐渐长大，她反倒不喜欢这个地方，也很少招呼人来。

暑假恰逢主题公园的旺季，为了方便工作，爸妈会睡在外面的工作人员宿舍。她打算瞒着父母，收留少年一晚。

给殷煦光收拾好客房，沈绯怜撸起袖子，进厨房给他熬粥。她很擅长做饭，不多时，就端出一大锅热气腾腾的什锦粥。

好久没和人一起吃饭，她把握不好量，做了太多。

殷煦光没有食欲，却还是把他碗里的粥喝光。他喝下粥，出过一身热汗，脸色明显好看了很多，也有了力气开玩笑。

"这么大的房子，你独自住着不会孤单吗？还有，随便把陌生人带进家里，你还真是没有安全意识，万一我是坏人呢？"

"你不也是跟着来历不明的我回家……今天是我的生日，家里只有我一个人。"

她本不想说出口，博取他人同情，是最可耻的行为。

殷煦光愣住，随即莞尔。沈绯怜低头，片刻的沉默过后，坐在对面的少年轻声唱起了生日歌，带有些许鼻音的少年音，让简单的旋律也变得动听，她抬头诧异地看向他。

"Happy birthday dear……对了，我还不知道你的名字呢。你不会是住在童话里的田螺姑娘吧？突然出现，帮发烧的我敷冰袋，还收留来历不明的我，给我煮这么好喝的粥。"

"我叫沈绯怜，妈妈叫我绯绯。"

和少年互道过晚安后，沈绯怜躺在床上翻来覆去，就听见敲门声传来。

"沈同学，你睡着了吗？没睡的话能开一下门吗？"

她迟疑着打开门，摇曳的烛光扑面而来，盈满整个房间，被黑暗笼罩的心，也随这黯淡的光瞬间豁然开朗。

殷煦光手捧一个小蛋糕，唇角上扬成好看的弧度："过生日果然还是要有蛋糕吧。来你家时，我看到路边有西点屋，刚才去买时只剩下最后一个，要是早点儿知道，就能给你定做一个，不知道你喜不喜欢黄桃蛋糕？"

"我喜欢……很喜欢。"她想，这一定是她十六年来收到过最好的生日礼物。

沈绯怜忍住眼泪，大口大口吃着蛋糕，其实她食不知味，原以为，爸妈会记得她的生日，结果空等待一天。刚认识不久的少年，不仅给她唱生日歌，还在夜里出去为她买蛋糕。

她所得到的，远比付出的还要珍贵。

第二天，天刚蒙蒙亮，殷煦光就背着画架跟她告辞。

少年闯进她的童话世界里，如果可以，她真希望，他能就这样留下来。

临告别前，殷煦光说，在暑假结束前，他都会到教堂老钟楼对面的三色堇花坛前画画。

3

病愈后的少年，很快再度支起画架在教堂对面作画。

沈绯怜遛无常时，会顺带去围观他的画，少年画的是教堂和钟楼，远山或者主题公园的远景，他们聊天时，无常在一边玩得不亦乐乎。

一连几天，气象台都发布高温警报，殷煦光却风雨无阻地来画画。

天气实在太热，无常被爸爸带去宠物店剃了毛，它自此得了抑郁症，连散步也没精打采。沈绯怜也好不了多少，作业堆积成山，而假期的进度条只剩一半，在家里，她几乎都是蓬头垢面地伏案疾书。

和殷煦光见面，成了她枯燥日常里唯一值得期待的事。

"附近的风景你差不多都画完了吧，以后会转移阵地吗？"

"不会，我喜欢这里。对我来说，哪里的风景都一样，因为……我有色彩识别障碍，就算再喜欢绘画，也成不了画家。"

殷煦光画的是白描，从不上色。他的背包里有一盒八十四色颜料，但他却没画过水彩，因为他总是穿一尘不染的白衣服，沈绯怜还以为，他是怕颜料弄脏衣服。

原来，他辨别不出颜色，对喜欢绘画的人来说，这真是件很残忍的事。

"我帮你上色吧，我上过两年的漫画培训课，上色还是很拿手的。"

少年迟疑几秒，眼底漾开笑意，"谢谢，那就麻烦你了。"

给殷煦光的画上色时，她会跟他说学校的事，也说她家的童话主题公园，还提到无常。

无常是来公园的游客抛弃的幼犬，沈绯怜放学回家时，听见角落里它微弱的叫声，她抱着冻得瑟瑟发抖的它回家，求爸妈收留它。

现在它很信赖她，但却不亲近陌生人，它亲近殷煦光是很罕见的事。要知道，就连经常喂它的程灏，无常都懒得理他。

"说不定，无常觉得你和它很像呢。"

少年总会不经意流露出落寞的神色，她不敢去探索他的秘密，怕惊动了他，他会像受伤的小动物逃离她。

殷煦光放下画笔，"绯绯，你真善良，无论对谁都一样。我以为，你会救我是因为我对你而言很特别，换成别人晕倒的话，你也会去救的吧。"

临别前，少年把今天的画卷起来递给她。

目送他搭上末班车，沈绯怜展开那幅画。少年画的是她和无常，黑白两色的画面上，少女笑靥如花，背景是她家的童话主题公园，右下角落款处，还写有画的名字：《在童话世界里遇见你》。

她收好这幅画，心底泛起一丝苦涩的甜蜜。

4

大清早，沈绯怜还在被窝里蒙头大睡，门铃声响起，客厅里的无常大声吠了起来。

"沈绯怜，本少回来啦！"

见她没反应，楼下的程灏扯开大嗓门儿喊她。

程灏是她的青梅竹马，进入高中后，由于他的英语太烂，暑假的开端被他妈妈送去外地参加英语特训班。他走后，她才得以过上几天清静生活。

打开门后，程灏将一大袋零食塞给她，就径自走进她的房间大大咧咧地坐下。

"别老是把我的房间当你家，你的英语及格了吗？"

"这是什么？"被戳中软肋的程灏竟然面不改色，踱步到床头，"殷煦光……就是那个让你像个花痴般围在他旁边的家伙？我昨晚就回来了，本来要找你玩，你却和那家伙你侬我侬。沈绯怜你可不要被骗了，那种小白脸，多半不是好人。"

听见他说少年的不是，沈绯怜顿时气结，她拉住程灏，将他推出房间。

"他不是坏人，不懂就别说。"

"我是好心提醒你，你爱信不信，你不会是真的喜欢上他了吧？"

沈绯怜不回答，算是默认。赶走程灏后，她抱着零食进房间，随手从书架底层抽出相册。

相册里，有她和程灏幼儿园时的合照。

小时候的程灏是个萌正太，说话奶声奶气，刚上幼儿园时，他父母闹离婚，每天吵得不可开交，爸妈让他来她家住。夜里，他抱着枕头来敲门，可怜兮兮地说不敢一个人睡。

男大十八变，越变越讨厌。

现在的程灏，虽有一副好皮囊，却老爱欺负她，还挡她桃花运，不许别的男生靠近她。她不懂，小时候的萌正太，怎么长成了无赖。

越想越郁闷，沈绯怜干脆去教堂玩。

老教堂是一百多年前修建的，现在只有苏菲娅修女在管理。苏菲娅修女大约是在十年前来到镇上的，年纪和她妈妈相当，镇上没有多少天主教信徒，会去教堂的，多半是些游客。

沈绯怜偶尔会去教堂，她喜欢跟苏菲娅修女聊天。

许是烦心事太多，沈绯怜滔滔不绝地说了很久，她还跟修女说起殷煦光，说他有色彩识别障碍。听到最后，修女隐约流露出异样的神色。

吐完苦水，沈绯怜决定把程灏的话当耳边风，反正殷煦光的好，他怎么知道。

5

沈绯怜再次去遛狗时，远远地，就撞见苏菲娅修女站在殷煦光旁边，她帮他挑选颜料，不时和颜悦色地跟他说着什么。他们间散发出很融洽的气氛，她不忍心打扰。

修女走后，沈绯怜走上前，和以往不同，少年的神色变得有些古怪。

"绯绯，谢谢你，是你跟她说了我的事吧？"他的声音异样地沉重，"暑假很快结束，明天以后，我不会再来这里写生。"

沈绯怜默默地看着他提前收拾画架，她隐约猜到，他和修女间发生过什么，却问不出口。

一连几天，沈绯怜都躲在房间足不出户，她的初恋就这样无疾而终。

新学期他们升高二，文理分班，她和程灏一起进了理科班。

教室里吵吵嚷嚷，刚占好位置，程灏就去打篮球。沈绯怜生无可恋地趴在座位上，她翻了个身，听见头顶传来一道熟悉的声音。

"请问，你旁边的位置有人坐吗？"

竟然是殷煦光，她激动地站起来，果断将旁边抽屉里程灏的书包塞进后桌。

"没人，当然没人！"

当程灏回来，看到坐在他座位上的殷煦光，还有他旁边满血复活的沈绯怜，顿时明白了怎么一回事。

他拎起包，不悦地撑住殷煦光的课桌，"新来的，你凭什么占本少的座位？"

"课桌上可没有刻你的名字，而且，我是征求过旁人的意见才坐下的。"

殷煦光淡定地说完，低头接着预习课文，侧脸线条优美。程灏杀气腾腾地看向沈绯怜，她连忙移开视线看向窗外，假装不知情。

上课铃响起，班主任走进教室，程灏只得坐到后桌的位置。

殷煦光来了以后，很快成了班级宠儿，程灏处处和他为敌，沈绯怜将他的行为归因为妒忌。高一入学时，程灏也是整天被女生们围着花痴，当时他还一脸得意，如今班级宠儿换成别人，他就一脸不屑，还冷嘲热讽，不是妒忌又是什么？

听她这么评论，程灏气得脸色发白，干脆赌气不理她。

6

此后的几天，程灏不再跟殷煦光作对。同样的，他也不再跟沈绯怜说话，有时候对上视线，他会面无表情地移开。

和一起长大的朋友关系闹僵，沈绯怜心里很不好受。

但她清楚，既然选择袒护殷煦光，就不该在意程灏的事。

英语课上讲解一篇教堂的短文时，班主任接了个电话，让他们先自习。他走后，班上安静下来，大家都在准备期中考试。

"说起教堂，殷煦光同学的妈妈，不就是我们镇上教堂里的修女吗？"

程灏的话音量不大，却一石激起千层浪，班上顿时像炸开的锅，沈绯怜听到后也蒙了。

殷煦光不为所动，他埋头做英语习题，打算无视程灏的话。

坐在后面的程灏并没有就此打住，"听说你妈妈是和一个男人私奔，到了这里却被他抛弃，身无分文，当时教堂年迈的神父可怜她，就收留了她，还真是够戏剧性啊。"

殷煦光回头，一拳砸在他的课桌上，冷声警告道："与你无关。"

在班上同学的各种视线和猜疑里，少年面无表情地离开了教室。

"你真无聊。"

沈绯怜朝程灏丢下这句话，就追了出去。

谁也不希望在公共场合被人爆出隐私，而认识殷煦光以来，她从来没有看过失控的他，他素来理性而从容，这是她第一次看见他露出愤怒的神色。

殷煦光走得很快，要不是沈绯怜运动神经发达，估计还追不上他。

他在教学楼后面的树林里停下，见她追来，忍不住讽刺道："你不用这么好心地追出来，我的事，不用你多管闲事。还是说，你要替你的青梅竹马道歉？"

7

"如果你真的没事，就别摆一副'我有事，快来安慰我'快哭般的表情！你是白痴吗？程灏那个笨蛋做错事，我又不是他妈，凭什么要帮他道歉。"

被沈绯怜吼完，殷煦光也吓得掉线了，半晌回不过神来。

估计他没料到，总是像小绵羊般的少女，也会有如此彪悍的一面。

当然，沈绯怜不会告诉他，小时候她可是孩子王，专门帮程灏收拾欺负他的孩子们。

"如果他说的是真的，那你打算怎样？可怜我，安慰我，还是嘲笑我？你说过我像无常，的确，我和它都是被抛弃的可怜虫。"

他是真的伤透了心，才会自暴自弃地说这些话，不过，沈绯怜可没跟他客气的打算。

"我才不会同情你，我又不是圣母。之前你说你有色彩识别障碍，那是假的吧？"

少年愣住，他苦笑，"抱歉，我不是故意骗你的。就算假装有病，她也不会跟我回家。"

殷煦光的母亲年轻时曾是画家，在她离家出走后，殷煦光努力地画画，他想，等他画画很厉害的时候，说不定母亲就会回家。

随着年龄渐长，他才知道，母亲是跟别的男人离开的，抛弃了他和父亲。

上了高中，他意外得知，她早就被那个男人抛弃了。就算被抛弃，她也不愿回家。

他来到她所在的小镇，她显然是认出了他，却不愿意搭理他。偶然撞见沈绯怜和母亲说话，他故意编造谎言，说他有色彩识别障碍，少女担心的神色，让他充满负罪感。

从少女处听说他的事后，担心他的母亲主动来找到他，她明白他在撒谎，却还是来见他。

她明确地告诉他，她不会跟他回家。

——等待多年的梦，就这样毫不留情地被粉碎。

沈绯怜轻拍他的后背，"我会陪在你身边的，虽然我不能取代修女在你心中的地位。"

把秘密说出口，殷煦光顿时轻松了不少，"我们回教室吧，上课时突然跑出来，班主任肯定会罚我们抄课文。"

"唉，要抄课文？"

"我只是打个比方，如果真的要抄，我连你那份一起抄算了……"

少年的声音低了下去，程灏就站在他们身后，看到他们紧牵的手，他大跨步走上前，一把推开殷煦光。

"不要利用小怜。"

"我们的事与你无关。"

殷煦光深深看了他一眼，径自往回走，剩下脸色发黑的程灏，还有不明情况的沈绯怜。

"阿灏，你的话是怎么回事？"

知道瞒不过她，程灏唯有交代出事情的真相。

8

程灏的父亲，就是当初和殷煦光母亲私奔的人。沈绯怜想起，幼儿园时，他父母差点儿因此而离婚。离婚的事失败，殷煦光的母亲无处可去，留在镇上成了修女。

程灏是最近才知道，他担心，殷煦光故意接近沈绯怜，通过从他身边抢走她来报复他。

毕竟，他比程灏更早知道他们父母间的纠葛，会这么做也不奇怪。

"阿灏，谢谢你关心我，但有一点儿我可以保证，殷煦光没有利用我。"

掌握所有真相后，她的心情豁然开朗。既然少年把难

照亮记忆的归途

以启齿的家事毫无保留地告诉她，她也会相信他不会利用她，因为，她喜欢他。

这个理由，就足够支撑起一切。

有关殷煦光母亲的谣言，起初在校内闹得沸沸扬扬，由于没后续，很快被淡忘。

天气逐渐转凉，沈家的主题游乐园也进入淡季。

晚饭时，沈绯怜在餐桌上听爸妈说起老教堂即将拆迁的事，他们和苏菲娅修女交情不错，据说，修女今晚会离开，提前跟他们打了招呼。

"绯绯不去跟修女道别吗？你那么喜欢她。"

放下碗筷，沈绯怜迫不及待地带着无常溜出了家。

冷清的月光将旧钟楼的影子拉长，少年躲在街灯后的树影下，一辆车停在教堂前，苏菲娅修女正好从教堂里出来。她脱下修女服，端庄而优雅，夜色弥漫，看不见她的表情。

无常亲昵地冲上去蹭殷煦光，见沈绯怜来了，少年露出诧异的神色。

"你怎么来了？"

"我听爸妈说修女要走，所以想，你会不会来送行。修女……你妈妈是要搬回家吗？"

听她这么问，少年苦笑着倚在树干上。

"她说愧对我们，不会回去。即便是我从没有怪过她，甚至为了她说服她而转学到这里，她也不愿回家。绯绯，有时候，原谅，是不是比憎恨更令人痛苦呢？"见沈绯怜一副快哭的样子，少年呼出一口气，轻轻拍了拍她的头，"我不该跟你说这么沉重的话题。很晚了，我送你回家。"

到了摩天轮底下，沈绯怜停下脚步，她抬头看着摩天轮上的时间，让他稍等。

七点钟到，发光喷泉准时亮起，少女在光芒的映衬下，美好得有点儿不真实。

"我难过的时候，只要看到这发光喷泉，心情就会像被点亮了一般明朗。如果你真的难过，哭出来也没关系哦，我会替你保密。"

"我才不会哭。"

一滴滚烫的眼泪滴落，他连忙转身，不让她看见他软弱的一面。

第一次去她家，他就想，她是住在童话里的人，并不适合忧伤。他总是被她所救赎，但他除了让她难过以外，什么都不能为她做。

殷煦光送她到游乐园大门，沈绯怜往回走，却发现程灏抱臂站在树下，他不会是看到刚才那一幕了吧？

沈绯怜打算无视她，他却抢先一步开口。

"我从班主任桌上看到，那家伙提交的转学申请表，他有告诉你吗？"

程灏的话就像晴天霹雳，她早该料到，苏菲娅修女搬走的话，殷煦光也没有留在这里的理由，他本就是为此而来。

9

殷煦光离开前，曾特地来沈绯怜家跟她告别。

他们在游乐场入口处的饮吧坐下。少女漫不经心地四处乱瞄，饮吧墙上有一个由五颜六色的便利贴纸组成的巨大心形，很多到店里的游客，都会在便利贴上写下告白宣言，或给远方的谁送上祝福。她最喜欢看这些留言，猜测他们的故事。

"绯绯，看这边。"

她刚回头，殷煦光便凑过来，"咔嚓"一声按下拍照键。她猝不及防的呆滞模样，还有他唇角上扬的得意笑颜，意外地般配，这张照片是他们唯一的合照。

高考过后的暑假分外漫长，教堂被拆迁后，吹过旧钟楼的风也变了风向，沈绯怜逛完无常，孤单地往回走。

一切物是人非，吹过旧钟楼的风已改道，我再也捡不回那些有你的年少。

亲爱的少年，我再也遇不见你，是不是你早已不住在童话里？

身旁和远方

骆　阳

1

2015年初春，高考备战进入白热化阶段，在班上，无论是学霸还是学渣都玩命复习，脑袋扎进卷子堆，一天抬不了几次头，一个个活像一遇到危险就把头埋进沙土里的鸵鸟。

一摞摞复习资料遮住光华，曾经放荡不羁的少年面露愁容，而少女也情感、学业双重压力。

我无法完全定义那时的自己，现在回忆起来，我只是一个孤僻而又疯癫的高中女生，背影倔强，眼神清傲却又盛满不明所以的模糊温柔。

那时的我，大家都喊大鹅——小脑袋、大脑门儿、长脖子、大屁股和小短腿这几样大鹅的特质我都有，所以大家喊我大鹅。

总之我很丑就是了。

2

大鹅："小明，我很悲伤，明天陪我去唱KTV。"

小明："抱歉，明天我约了小花在班级做卷子。"

大鹅："东，我很悲伤，明天陪我去江边滑旱冰。"

东："抱歉，明天我约了玲子在班级背历史书。"

大鹅："于航，我很悲伤，明天陪我去爬山。"

于航："抱歉，明天我约了梅梅在班级背单词。"

大鹅："我一巴掌甩你到墙上，就你还背单词，别浪费那时间了。"

于航："你要这么说话我不乐意听，我怎么不能背单词，我还打算和梅梅一起考个二本，一起浪迹天涯呢！"

大鹅："成成成！你背吧！呵呵！"

学渣升级版的学霸一边复习一边秀恩爱，爱情未来两不耽误，简直就是花式虐狗，本就心情郁闷的大鹅，血掉到濒临狗带，被动伤害一万点。

周末清晨，宿舍阿姨还没开大门，大鹅就收拾好准备出校。她从一楼窗户翻出去，走了两步觉得不对劲儿，好像刚刚踩到了狗屎。她一边骂着扔狗的混蛋一边朝前走，几颗星摇摇欲坠挂在天上，风一吹像是要掉下来。她抬头看着星星，就倏地想起那个人。她不知道怎么抵挡类似于这样的想念，一把钝刀子隐隐约约往心脏上划的感觉，谁人能若无其事。

她穿着曲转折回的羊肠小巷，脚步声清脆跳跃，仿佛有个人跟在她身后。天渐渐晰亮，小巷人家纷纷透出灯光，模糊的昏黄在她的眼眸里微弱沉浮。那些讨生活的工人，匆匆喝一口头天晚上温在电饭锅里的粥，便骑上叮当乱响的破自行车去不远处的工厂劳作。这些人带着细风经过她身旁，她只要稍不留神，就会被撞上。她觉得，世界有点儿瘦，丰腴的春天和夏，只在年少梦里。

大鹅浑浑噩噩地走到公交站，她掏出一枚硬币放进投币箱，公交车轰鸣着，车窗外飘着细雪，不远处的馒头店晕出的白气被风撕裂。公交甩开苍茫，朝市区行进。

大鹅常去的网吧，在敖东街和长白路交叉口的一条破巷子里。她走进网吧，和脸熟的网管打了声招呼，充了十块钱网费，一头扎进二楼。

那个时候，很多男生都迷英雄联盟，大鹅不是男生，所以也不迷。不过她为什么要玩，这就没必要搞清楚，毕竟连她自己也不清楚。

大鹅旁边有四个男生，本来是五个，其中一个接了个电话走了，好像有急事。大鹅毛遂自荐，她说："我给你们凑个数吧。"

挨着大鹅的男生说："你行吗？"

另一个男生拍了一下质疑大鹅实力的男生，然后跟大鹅说："行！你来吧！"

大鹅不紧不慢登了号，开战没多一会儿，大鹅就三杀，几个男生吓傻了。

刚刚质疑大鹅的那个男生转过头，朝着大鹅说："小弟我有眼不识泰山。"

大鹅伸手指了指这个男生的电脑说："别瞎白话了，草丛里有人。"说完，大鹅干掉了一敌，四杀。

3

大鹅加入四个男生的队伍之后，怎么打怎么赢。玩了一上午，几个人赢到都不想赢了，他们也都饿了，几个人合计着去哪儿吃午饭，那个质疑大鹅的男生提议叫大鹅一起去吃午饭。

路边随便选了一家小馆子，几个人饿狼一样围坐在一起吃面条。那个质疑大鹅的男生叫李威，起先瞧不起人的是他，现在像个哈巴狗一样摇尾巴的也是他，他一边吃一边嘴不闲着，不住地问大鹅怎么打那么好。

大鹅倒也不谦虚，跟李威说："你姐我人称上单小公主。不瞒你说，你姐我最擅长的瑞雯今儿个都没用，对面那几个大水货，随便一个英雄虐到他们哭。"

李威筷子一摔，甩了甩脑门儿上那两根毛说："你下午没事吧？咱们几个唱歌去吧！"

　　大鹅爽快地答应了下来，她早就想唱歌了，歇斯底里地在歌厅嚎一嚎，没准心情好一点儿。

　　几个人风风火火地往歌厅走，一边走一边聊着些英雄联盟的事，大鹅被捧到了天上，其实大鹅也不见得有他们说得那么厉害，只不过他们是井底之蛙罢了。

　　到了歌厅，几个男生根本抢不到麦，大鹅盘腿坐在茶几上忘我地唱着，准确地说是忘我地嚎着。这就给李威提供了可乘之机。李威踟躇了半天，然后鼓起勇气走到大鹅身后，两手将大鹅脑袋一掰，"吧唧"一口亲了上去。

　　大鹅霎时间炸了毛，一个大耳刮子抽了过去。李威捂着脸指着大鹅说："你打我？"大鹅把麦扔到茶几上，挽了挽袖子，双手叉腰，说："我就打你了怎么着！你学姐的便宜你都敢占！"

　　其他几个男生窝在沙发里看好戏，他们一个个眼珠子瞪得溜圆，不怀好意地笑着。

　　李威指着他们说："你们几个倒是说句话啊！我都让这疯子抽了！"

　　大鹅往李威脚上一跺，李威"嗷"的一叫。"你说谁疯子？"大鹅问道。

　　李威挂不住了，气冲冲地走出包间，临走前还跟大鹅说："你等着，我跟你没完。"

4

QQ聊天。

> 大鹅：在吗？
>
> 李威：在。干啥？
>
> 大鹅：还生气呢？
>
> 李威：哼！
>
> 大鹅：要不生气的话，明天帮我个忙。
>
> ……

第二天，大鹅和李威在邮政再次见面。大鹅指着地上两个箱子说："帮我搬到我们学校。"

李威抱着膀子，一脸不屑地说："我凭什么帮你啊？第一次见面就抽我，还抽那么狠，脸肿好几天，我奶以为我出去惹事让人给揍了，周末都不让我出门了，这我还是偷跑出来的。"

"别废话了，帮还是不帮？"

"不帮。"

"把箱子送回学校，学姐带你飞。"

李威脸一下子就变了，说："那行。"

"那赶紧地吧！"

"等等！你还得给我买个英雄！"

"我让你帮我就是为了省打车钱，你这让我给你买个英雄我倒赔了！"

大鹅和李威一人抱着一个纸箱子，一前一后地上了公交车，正值晌午，公交车上人满为患，挤得车门差点儿关不上。两人怀里的纸箱子没地方放，只能抱着，大鹅还好，她抱的箱子轻一点儿，李威可就苦了，沉甸甸的箱子抱起来就像抱着一头死猪，左右的人还不停地挤着，他脸憋得通红，时不时骂几句脏话。

"你这里什么玩意儿？这么沉！"李威问道。

"书。"

"这么两大箱子书，你就不能打个车，抠死啊你要？"

"谁也没想到咱赶上这人多的时候！再说了，我这是给你表现的机会呢！"

"表现个鬼头！要我命了！"

把书搬到大鹅宿舍楼下的时候两个人都累瘫了，李威说："我长这么大头一次受这罪。"

大鹅让李威在楼下等着，然后抱着一箱书走进了宿舍楼，大鹅把书放到寝室，又下楼取另一箱书。这箱书明显沉很多，大鹅毕竟是个女生，搬起来都费劲儿，就更不用说抱着它走路了。李威虽然是个男生，但是留了长指甲，他用指甲把箱子上的胶带抠开，让大鹅把书分几次往寝室拿。

"你一个大男生还留指甲，真恶心。"大鹅一边从箱子里往外拿书一边说。

"我乐意！你管不着！没有我这指甲你还得多跑一趟取剪刀呢！"

大鹅一边抱着一摞书往宿舍楼里走一边说："你说你留就留吧，你倒是勤清理着点儿啊，那指甲里都是泥，恶心！"

李威看着大鹅背影，骂道："要你管！女汉子！"

大鹅把书全倒腾回寝室之后，让李威在楼下再等上一会儿，李威气得直翻白眼，要不是等着让大鹅带他飞，他早撂挑子不干了。大鹅回到寝室，把刚刚没打开的箱子打开，除了书什么都没有，她又翻遍了每一本书，可是仍旧什么都没有发现，她真正想要的东西，并没有连同这些书一起从远方而来。大鹅锁上寝室门，感觉很平静，她习惯了，这样漫长等待后并没有惊喜的感触。可能也有那么一点儿失望，就像是在走夜路时突然闯进了一条漆黑的小巷。

大鹅走出宿舍楼，李威在梧桐树下等着，看到大鹅，他兴奋地说："我祖宗，你可算出来了，你再不出来这树都快被我抠没皮了。"

两人并肩朝校外走，初春正午的阳光照在雪地上，折射出刺眼的光，可天空却是寂静的，它默默地吞噬着大地万物，身处其中，仔细聆听，便可感受到那种寂静却轰然作响。

大鹅望着天空，眯缝着眼睛，她想着几千里之外的那个人是不是也能看到这样的天空。

"你在想什么？"

"在想念一个人，那个人远在天边。"

"那个地方坐火车多久能到？"

"好久好久，甚至在梦里都很难到达。"

"之前觉得你挺实在的，现在怎么突然阴阳怪气？"

"就是憋太久了，所以矫情了，再加上刚刚收到的包裹里没看到他留下的任何话……李威，你觉得我美吗？"

"美，很美。"

"说实话！我没跟你开玩笑，我是认真的。"

"不美。"

"那你为什么亲我？"

"其实亲你只是那天跟哥儿几个打赌输了。"

5

春天真正到来，积雪幻化成水蒸气随风飘散，空气里弥漫着清香，日头越发明朗，整个世界仿佛不曾在任何时候落入寒冷和黑暗。

同学们用着身体里仅存不多的能量抵抗着高三最后的

日子，大鹅也不甘落后，她把全套数学书一字不差地看下来，她想考去那个人所在的城市。每一个黑夜和每一个不愿意苏醒的清晨，埋头读书是她常有的姿态，只是在白昼降临时，那恍若是另一个世界的光芒会让她不知所措。

想念在心底蔓延的时候，她甚至不知道要把自己的手放在什么位置。

黄昏往往有着让人轻易伤怀的奇异力道，她会在太阳熟得透红的时候逃出学校。在那悠长的工业区马路上，她有时会忍不住给那个远方的人打一通电话。电话那头是忙碌的他，三言两语敷衍了事。而大鹅，这个卑微而又倔强的女生，怎么能轻易低头，让他知道自己其实因想念而凝噎无语，即便有千万言语想要诉说。到头来苦水也只是卡在喉咙，变成一声经久不衰的长叹。

大鹅一个人，在夕阳低垂的时候，奔跑到小城的另一端。山丘之上，远望无际，结痂的伤口不知不觉又流出鲜血，隐约的记忆和心动又在指尖上剥开，开出看不清颜色的玫瑰。

那是南方的冬天，没有北方那样寒冷，海风吹过，建筑白茫暖凉。大鹅邂逅了他，他是一个大大鹅几岁的海漂青年。他是图书馆管理员，下班之后，他带着大鹅在精美的城市街头行走。他叫贺铨，虽然不帅，却是高高的个子，笑起来可以看到酒窝。不得不说，大鹅见贺铨第一眼，就感觉坚硬的心脏被暖刀子划开了一道口子。"所有的一见钟情都是见色起意。"大鹅想起这句话。只不过没有见色起意那么夸张，而是一见他，所有感情茅塞顿开。仿佛他是上帝给大鹅的一份礼物，这个礼物，怎么拆开，是个难题。一个人的心扉究竟可以用什么样的力度敲开？

大鹅和贺铨坐在花坛边的石阶上，贺铨说大鹅的嘴唇很干，于是掏出一个唇彩。贺铨左手不轻也不重地压在大鹅的左脸颊，右手拿着唇彩轻轻地触碰大鹅的嘴唇。大鹅有些不好意思，街上人来人往，旁边的环卫大妈不住地看过来。大鹅僵在那里，心脏却萌动跳跃，仿佛暖流流经她的每一寸肌肤，掀起一阵阵经久不衰的浪花，淹没所有嘈杂，她的世界安静到只有他。

风转出声响，阳光流成江河。

他的笑，他的眉宇，他的蓝色针织帽，都像暗色梦里的光亮，让人根本不能忘却。

"这是我们第一次相遇，不会也是最后一次吧。"这句憋在心里许久的问，从大鹅的嘴里说出来却更像是一个陈述句。

"别胡说。"贺铨说。

大鹅拿过贺铨的手机，在音乐软件搜索栏里打出"ink"然后下载，她跟贺铨说："这是全世界最深情的一首歌，现在我终于可以把它送给一个人。以后你听到这首歌，要想起我。"

"以后你听到这首歌，要想起我"，说的好像以后再也不会见面了一样。

后来，每当大鹅想到这里，便知道，其实那时自己已经预感到两人之间的不可能。只是当局者迷，哪个坠入初恋火焰的人会沉着冷静地思考呢？那个叫贺铨的高个子老男孩，笑起来致命，大鹅在他面前的举动，足可以说明这个恋爱天平的失衡。其实贺铨没那么喜欢大鹅，那他为什么还要温柔地给大鹅涂唇彩呢？

无论男孩还是男人，总有着让人琢磨不透的温柔，通俗一点儿，用东北话说就是：爱撩闲。

大鹅站在山丘上，远处已亮起丛丛灯火，遥远而荒凉。大鹅眼中的泪光，闪烁出期盼与失望。

6

时间不早，大鹅准备回学校，没想到李威在她身后叫住了她。

"你怎么在这里？"大鹅问。

"我也会在闹心的时候，来这里待会儿。这地方高，透气！"李威说。

"你能有什么闹心的事？天天就知道玩游戏，像个二傻子。"大鹅说。

李威想说些什么，却又闭上了嘴。他送大鹅回学校，大鹅的学校在郊区，两个人一路跑着赶路。一边跑一边聊，大鹅跟李威说那个远方的老男孩，李威沉默不作声，但是大鹅说的话，他全都听进了心里。

路边有人放烟花，在冬天彻彻底底结束的时候，在春风欲来、花欲开的时候。

李威抬头看了看绽放又凋谢的烟花，从兜里拿出一张纸条，撕碎，然后抛在空中。大鹅问那是什么，李威说是让自己难过的东西。

两个人跑着跑着，高考就来了。李威送大鹅进考场，他手里拿着大鹅各种过不了安检的随身物品，他不住地告诉大鹅不要紧张。曾经那个玩世不恭的小破孩儿真的不见了。

大鹅笑得很开心，她一点儿也不紧张，她告诉自己，一考完就可以去远方看那个心念的老男孩了。

最后一门是英语，李威把大鹅送进考场，然后走进了一条小巷子，蹲在墙角哭了。

高考结束后的第一天，大鹅坐在长途列车上，窗外是连绵不绝的山峦和澄澈的蓝天。

李威拍了拍大鹅的肩膀，大鹅吓了一大跳，问李威怎么在火车上。

李威把大鹅带到吸烟区，他说他也不清楚为什么会在这儿，他说那时在KTV的一吻很用心，他说他私自扣了贺铨寄来包裹里的纸条。

大鹅问纸条上写的什么。

李威说:"纸条上写:虽然我也爱着你,但是你青春正好,我垂垂老矣,我们不可能在一起。"

大鹅说她还是要去,什么事当面说最痛快,心死得也快。

李威说:"不如我跟你一起去远方,无论怎样我是你的好朋友,你受伤的时候至少有我在身边。"

7

我叫原爱妮,大家都叫我大鹅,我是一个丑女孩儿。我第一次心动在十九岁,我第一次心动在远方。

我总是做一个梦,去那座遥远的城市找他,梦里的天空总是黑色的,路总是狭窄的,我孤立无援,我时常不知道该怎么办,我不知道心动是对是错。

李威跟我说,他要陪我去远方,但是我把他赶下了火车。我的梦即是现实,我知道我一定见不到他,我会哭花我人生的第一妆,我不想我哭的样子被李威看到,那样我会丑上加丑。在李威面前,我想一直都当一个快乐、阳光、二哈的学姐,因为正值成长的少年,正是需要能量。

其实我一直知道李威喜欢我,因为他一直在我身旁;

其实我一直知道我不会和他在一起,因为他一直在远方。

青春尽情摇摆

故事要说给听得懂的人

姑娘不漂亮

高中时，喜欢上一个男生，十几岁的年纪也就只能做些幼稚的事情，靠近喜欢的人，近一点儿再近一点儿。我也不例外，费尽心思和他成为好哥们儿，下课帮他打水。傻啦吧唧的像只追踪犬偷偷跟着他，被发现时，还装作好巧遇见，现在想想还真的特别好笑。

放学后，奔去球场看他打球，跟着其他女生尖叫喊加油，仿佛只要自己大点儿声，他就真的会赢一样。不同于那些女生，我还以哥们儿的身份给他递饮料。作为回报，他也会给我讲数学题，总能看到他脸上神采飞扬的自信。我还自作多情地觉得在他心中，我还是和其他女生有所不同的吧。

以前不注意形象，大大咧咧的我，在他面前渐渐开始注意自己说话声音的大小，笑起来嘴角的弧度有没有太大，收敛自己的活泼性子话不再多，喜欢短发及耳的我也渐渐蓄成了长发及肩，偷偷攒钱买他喜欢的抹茶味软糖，和那些自己从前非常不屑一顾的闪亮发夹。

总喜欢下课就跑到他身边，絮絮叨叨地和他分享我曾听到过，那些美好动人的故事却选择性地忽略了他眼里的些许不耐烦，以及敷衍的"嗯、哦、啊"。

即使听到回应后的我有点儿落寞，但毕竟是十几岁的年纪，没有隔夜的忧愁。烟消云散之后，又继续喜欢着那个，打球厉害会教我数学证明题的少年。

那时，总是喜欢兜里揣着几种不同口味的糖果，见到熟人给一颗，见到他给两颗，一颗牛奶味，一颗抹茶味。对于一个吃货女生而言，就是想把所有好吃的东西，都给你来一份。

但其实不是所有喜悦他都会想和我分享。一块糖果，一颗话梅，偶尔有剩余的时候才会想到我，让我吃完连带着包装扔掉，我还傻傻地以为，他对我也是有那么一点点的好感吧？而这一切，都是我以为。后来毕业，我攒满了两年的勇气向他坦明心意，他诧异地望着我说："你玩大冒险输了吗？我们可是一辈子的好哥们儿。"

这种感觉，就像是我不远万里，跋山涉水，把想和你说的话，在脑海里排练了千遍万遍，而你客套生疏地和我说了几句祝福语，把我千言万语卡在喉头。咽不下吐不出，哽咽得我眼泪也溢了出来，眼眶红红还装作被沙迷了双眼，最后和你笑着道别。

其实不过是像那颗剩余的话梅，被连带着包装一起丢掉。像一封没有写明地址的情书，不知如何安置。

我提起这个故事，并不是想要埋怨那个男孩，他并没有什么过错，只是可惜他不喜欢我，而我却给了自己久久等待他的借口。到现在我已经忘了和他多久没有说过话，也快忘了当初为什么有那么多话想要和他说。

曾经我以为改变这么多，变成少年喜欢的模样，他就真的会喜欢我。以为爱情就是一条公式，只要努力算，就能得出正确答案。以为我真心付出，他就能停下脚步回头望我。

可事与愿违，付出并不能和回报划成等号，也不会是一条公式就能够得到的答案。抱着这种"付出一点儿，就能得到一点儿"的想法，最后的结果多数人只能是抱着失望离场。

他为你停下的回头，也仅仅只是回头。等他走了之后，发现自己变成了所谓的"他喜欢的模样"但却把原来的自己弄丢了。

我们总喜欢用原始等价交换的方式，去渴求对方给你的和你给的一样多。不断地付出自己所有认为好的一切。可是亲爱的姑娘们，那个他是否对你的认真给予做出回应，或长或短或深或浅。

并不是所有人，都懂你们想要分享的喜悦。并不是所有的人，都懂你们的欲言又止。并不是所有人，都想要听你们讲那些故事，有的可能只是出于好奇。

如果他真的喜欢你，即使你不那么漂亮，不那么温柔，不那么细心，他不会介意你的小粗心，不嫌弃你的小坏习惯，他会接纳那个真实的你，并且把这些小缺点称之为可爱。

他是那个会陪你做白日梦，下雨会把伞倾向你那边，雨停了会挽起你裤脚，背你蹚过雨后积水的人。他可能说不出动人的情话，但是时间会替他告诉你，陪伴是最长情的告白。

亲爱的姑娘，如果你喜欢的人，恰巧也喜欢你那再好不过。嫁给爱情是每个女生最幸福的模样。但如果他只是一时寂寞，你可别掏尽了心窝换来残羹冷炙。

不要着急，他来得可能会晚一点儿，你要给点儿耐心等等他，只要最后遇对了，时间再久又怎样？

时光会把一个能安静耐心听你讲故事的人，留在最后。他会紧紧地抱着你，轻轻地对你说："余生，我来好好照顾你。"而不是一句"我不在你身边，你要好好照顾自己。"

给每一个在焦急等爱的姑娘：所有美好的故事，都要说给听得懂的人。怕什么呢？善良的你一定会幸福的。

守护者

寒舟

1

卫田田高一那年，发生了很多不好的事，于是她把心愿写给神听，祈求遇到一个能解救她的人。

这个愿望实现了。

在卫田田十六岁生日那天，树上的叶子开始发芽，春的气息渐渐变浓。卫田田没有赶上四十分钟一趟的晚公交车，被人潮挤得快要跌倒的时候，一只温暖的手接住了她。

"小心点儿哦，田田酱。"那是一道很沙哑的声线，发声者保证自己没有卖萌，却让卫田田听着有鼻血狂喷的冲动，尤其作为一个动漫发烧友，在回头看到一个戴着冷

酷面具、身披奇怪披风的男生时，卫田田一张天真无邪的
脸上布满了惊诧之色。

唉？

唉？

唉？

就这样，自称是来自异次元黑暗守护者名叫夜的少年
莫名其妙地闯入了卫田田的生活。当她问起理由，他的回
答显得很合理，"这是神的指令啊。"

在此之前，卫田田沉浸于二次元世界，得了一种青
春期过于自以为是的怪癖，俗称"中二病"，总把自己想
象成拥有超能力或来自异次元的人物，自言自语、行为怪
异，身边同学不能理解，久而久之卫田田变得孤单。

但在夜到来之后，她知道自己的坚持是对的，这一切
都不是凭空想象嘛！眼前的男生，可是打扮得很拉风且知
道她心愿的人呐。

2

夜在白天不会出现，但黄昏过后他会准时坐在卫田田
房外的树枝上，一边催促卫田田写作业一边睡着香甜的懒
觉。

卫田田会不自觉地偷看他，这种感觉就像曾偷瞄喜欢
的男孩陆子川一样。不过，心情自然不同，卫田田对夜充

满好奇，她只想知道夜面具后的脸是怎样的，会不会是动漫帅哥那样呢？哈哈哈。

"猪，口水都打湿作业纸了！"

"唔，好丢人。"

夜丢了一个果子砸醒了花痴冥想中的卫田田，田田揉着脑袋，一脸呆样。其实夜早告诉过田田自己戴面具是因为面孔狰狞，怕吓到人类，卫田田感到失落，但这不影响她产生怀疑。

后来卫田田学习到睡着，忘了跟夜说晚安，但貌似每晚都是这样，夜凝视着卫田田睡熟，然后悄无声息地离去，次日田田醒来会发现自己的位置从书桌前被移到了床上，身上还盖着被子。

想到这，卫田田心中一暖，有点儿想笑。

3

虽然走在学校里，她仍是形单影只的一个人，被同学嘲笑成天做梦，没有一两个足够信任的朋友，远远望着对面教学楼里深深喜欢着的男孩却不敢靠近，如此茕茕孑立，却没那么伤感了呢。

至少每晚待在一个冷淡的家庭里还有另一个期待，夜今晚回来，他会来守护我吧。

但是那天，黑夜还没有降临，大地上还满是温柔的金光，夜就提前到了卫田田家门口，田田刚放学，书包还没来得及放上，夜就甩了一把他的黑色披风，酷酷地问道："少女，要不要去动漫世界新开的鬼屋？"

"唉！你怎么知道我正想去！"卫田田对神鬼一类的东西十分感兴趣，她兴奋得跳了起来，更加坚信夜是懂她的。夜没有回话，直接抓起卫田田的手，在暮色中奔跑起来。

路人大概拿看神经病的目光看着他们吧，但卫田田不在乎，那一刻，即使夜没有带她飞上天的超能力，她仍然倍感快乐，就像很久以前那个人牵着她在院子里跑来跑去一样，美好得像在童话里。

早春的风有点儿冷，卫田田的脸被吹得红扑扑的，她手里捧着夜递来的热奶茶，吸了吸鼻子一口喝光，被烫得伸舌，夜摸了摸她脑袋，"慢点儿啊，笨蛋。"

温柔的语气，看不清表情的面孔。那一刻，陆小川的脸和夜的面具重叠在一起，卫田田想自己又开始做白日梦了。

鬼屋历程很刺激，夜是一早就知道卫田田不是那种怕鬼的女生吧，才没有摆出一副很有保护欲的样子。当然卫田田没有让他想错，感觉所有恶鬼在她眼中都是萌萌的，这个女生有意思极了。

许是看完那么多鬼怪出来还不尽兴，卫田田倒是对夜所谓的狰狞脸更感兴趣了，她耍了个阴险的招数，趁夜不注意踮脚去摘他的面具，可夜的身高和反应力是很有优势的，他敏捷地握住了卫田田的偷袭来的手腕，在对方一张脸还没涨得通红前，已将自己戴着面具的脸贴到了她的脸上。

隔着一层冷冷的铁，卫田田感受到了夜温热的呼吸。

"下次再这样，我就摘下面具亲你咯。"夜的声音听不出情绪，卫田田只觉一阵羞愧，兔子般逃开了。

那一晚家中出奇的宁静，空无一人。虽然之前与这也无异，爸爸妈妈关系不和，总是早出晚归不愿见到对方，但卫田田没有因此失眠过，而此时的辗转难眠，完全是因为夜靠近她那一瞬间自己感到了心的悸动。

"田田酱，为什么睡不着？"夜的声音飘进风里，他趴在树干上，声色平静，"外面好冷，让我进来行不行。"卫田田没理由拒绝，让他进了屋。但为了缓冲先前的尴尬，她开始煮泡面，东奔西跑。

而夜只是待在房里，静静地看着房间墙上的那些照片，一张一张，满是卫田田和一个男孩在一起时笑得很开怀的身影。

卫田田说过，那是她喜欢的人，一个成绩优秀、沉稳冷静的男生。

但所有人都以为这是一场无疾而终的暗恋，只有陆子川和卫田田知道，他们是从小一起长大的，并且互相喜欢着对方，或许，夜也知道，谁叫他是卫田田肚子里的蛔虫呢。

"田田酱你这是早恋哦。"夜又用沙哑的声音说出了卖萌的语气,卫田田骄傲道:"反正爸妈不管我。"说完开始吃面并发出窸窸窣窣的声音。

至于后来为什么会分手,卫田田也苦恼了很久,而陆子川从来没有告诉她,只是突然有一天,她感觉全世界都离开她了,而他也一样,见到她会绕道走,他们变得形同陌路。

"尽管这样……我还是喜欢他!只是……不想再缠着他,怕他讨厌我。"

毕竟是年轻时第一个用力喜欢过的人,毕竟是曾取笑她笨却耐心给她讲每道题的人。卫田田想,或许是他太优秀所以她跟不上他的脚步,但既然没有背叛,就还可以继续相信吧。

"真是奇妙呐,你加油吧,我睡了。"夜感叹一声,倒头便睡。卫田田看着酣睡中的夜,再也没有了去摘他面具的想法,随他去吧,他是守护者而已啊。

4

少女的心情简直大起大落,一觉睡到天亮,就什么纠结都没有了。

卫田田醒的时候夜还在睡,她想他白天不出现大概是因为在睡懒觉吧，于是没忍心吵醒他，锁了房门去上学。

然而学校里疯狂流传着优等生陆子川在校外与人打架负伤请假的消息。卫田田简直不敢相信，她第一时间冲到陆子川的班上，发现他位子果然空着，完全没心思理会大家的指指点点，什么"那不是高中一直暗恋团支书的'中二病'少女吗"之类的话，她一个也听不进。

一路焦急地奔走，她只想知道陆子川现在在哪里，情况好不好。

"嘛……"边走边想事的后果就是撞到了前方的人，卫田田迷糊地抬起头，对上一双凝重的眼眸，被疲惫的黑眼圈围绕着，看起来很困顿，可那正是陆子川。

卫田田不知道说什么好，一年不见，如此面对面地望着，不可能不尴尬吧，"最近……学习很累哦？"她从牙缝里挤出这么一句，然后僵硬地指了指眼圈。

"嗯？呃……嗯。"陆子川愣了下，不冷不热地回了一句。他听见走廊里的议论声，皱起了眉头，心想，无聊的人真多。

他不想理会，也没有再多看卫田田一眼，径直走到了自己班上，并抱歉说只是睡过头了。

卫田田望着他离去的背影，待在原地，木讷了好久，她发现当喜欢上一个人，只要看到他完好无事时，什么也不想去追究，就觉得上帝已经待她很好了。

但这件事，在后来向夜的倾诉中，还是夹杂着委屈的泪水陈述出来，不知道夜听起来有没有一点儿孤独的感觉。

5

平静的生活终于免不了大风浪。

某一天卫田田走在路上，感觉自己突然变成了邻里关注的焦点。

他们细声细语地议论："那孩子真可怜啊，爸妈从来不管，现在又出了这种事……"只要卫田田一停下脚步转向他们，就如潮水般散开，躲避着她疑惑的眼神。

想来，是有好几天既没有看见爸爸也没有看见妈妈了呢，他们去干什么了？卫田田有点儿不安，可她不知道该投靠谁，夜不在的时光原来这样难熬，换作从前，陆子川没搬家的时候，她无论什么时候都可以去他家找他吧。

打扰他写作业、顽固地要他陪自己玩角色扮演的游戏，吃掉他家冰箱里所有剩下的水果……想想是很温馨的回忆呢，可惜都远去了。

卫田田收回思绪，却发现脚步再也走不动了，她站在原地，无措又迷茫地蹲了下去。这种迷茫，好像回到了一年前爸爸妈妈吵架的那个夜晚，他们把她赶出门在屋里疯狂地打斗，她就一个人蹲在地上，抱着冰冷的手臂心如死灰。这种迷茫的感觉，也像后来去找陆子川玩耍时，他冷漠地推开她说："对不起我要做功课。"她愣了好久，直到同学们的嘲笑声唤醒她。

时间流过，当回忆中沉睡到麻木的卫田田想到要站立起来时，太阳将近落山。她刚一起身，就看见夜熟悉的面具出现在熹微的暮光中。

"你什么时候……"她的话音没落，夜却打断她拉过她的手说："走，我们……"但他没走几步，话也来不及说完，便膝盖一屈，痛苦地倒在了地上，剧烈咳嗽起来。

"夜！"卫田田吓坏了，立刻拨打了警局和医院的电话。夜的面具在砸地一瞬间破碎了，他奋力用手遮住脸，说："没有保护好你，我不是你的英雄……"但卫田田还是忍不住泪如雨下，她已经看见了，看见那张因为她伤痕累累的脸还带着牵强的笑容，陆子川，我就知道是你吧。

6

这是三维立体的空间，没有童话、没有超能力，没有时光倒流也没有起死回生，现实是残酷的，人类是束缚的。这一切思想在卫田田很小的时候就被大人灌输进她的脑海，卫爸卫妈从事科学研究，性格谨慎却因工作压力而表现出各种极端。

卫田田从小就不敢有太多想象力，因为她知道无论她天马行空地想些什么，都会被爸妈以所谓的科学事实证明是错的、是虚无。童年里似乎除了邻居陆子川没有人肯定过她，即使他也觉得她天真，但他表现出来的总是"田田你好厉害"这样。

况且，女生天真点儿没什么不好，陆子川是这么想的，于是在初中听见卫田田跑来告诉自己某一天在公交车上把五十块钱借给了陌生人并觉得有成就感时，他心想你怎么这么傻啊，可口头上还是说你做得很好哦，然后他顺道表了白，两个人自然而然地在一起了。

如果喜欢一个人，就要保护好她，要让她看不见外面世界的险恶，能永远驻足在自己编织的梦境里、安然地做着美梦。

陆子川把这些话悄悄写进日记里，发誓自己要永远守护卫田田。

但是好景不长，卫田田升高中那年，爸爸妈妈因工作上的不和导致婚姻破裂，闹了几次离婚却都碍于卫田田的存在一拖再拖。卫田田情绪低落，把自己沉浸在动漫中，每天没日没夜地补番，没心没肺地哭啊笑，似乎忘了一切。

但是危机也在不知不觉中潜伏。卫爸卫妈公司破产，欠下巨额债款，讨债人第一次上她家要钱，她还在学校值日，被先回到家的陆子川看到了，他忍受不了那群人砸她家东西，冲动地与他们厮打，直到邻居报警。

而卫田田浑然不知。

次日她只察觉到陆子川的嘴角有点儿肿，走路好像姿势不对，于是缠着他问他怎么了，为了不让她担心，那时候他撒谎说自己摔了一跤。可后来可恶的人越来越嚣张，又被陆子川撞到狠狠干过几架，陆子川知道自己瞒不住卫田田，于是故意装作很冷漠，不想让她靠近自己，怕她盘问到底然后知道自己家里那些窘迫的境遇。

卫田田无疑是幸运的，她的大部分光阴花在了刷动画片上，顾不得外界的事情，讨债人上门的时候她没有一次不在学校机房，而那些风霜雪雨，陆子川全替她扛了下来。

久而久之，陆子川爸妈知道了，很同情卫田田的同时也感到担忧，虽然是邻里多年，但他们不忍心儿子一直这样辛苦，于是果断搬家，陆子川反抗了好久，最后爸妈做出妥协，同意为卫家还一部分钱财。

陆子川就这样搬走了，一年内再也没有过麻烦找上卫家的门。而卫田田变得敏感、害怕，她不敢再靠近陆子川，不敢哪怕问一句这到底是怎么一回事，而她不问，他不说，全世界都以为他们抛弃了彼此。

大概是思念的缘故，陆子川忍不住回来看她，却是以他对卫田田的了解，扮成了守护者夜。他白天困顿地学习，晚上则守在她身边直到她入眠才离开。他起初不告诉她只是想幼稚地开个玩笑，但后来他发现自己不能说他是谁，因为打架的日子又开始了。

也是那时起他发现卫家根本不是欠了钱那么简单，卫爸卫妈研制出药品害死了人，已然是犯罪了。

去鬼屋那天，正是警察破案带走嫌疑犯的日子，卫家围满了人，冰冷的镣铐、父母悔恨的泪水……对卫田田而言该是多么残忍。好在他陆子川提前赶到了，虽然身上还有前一天的伤，但他无论如何要比她坚强呢，无论如何要让她看见轻薄的假象。

因为真相是那样伤人。

卫田田是个傻瓜，可别忘了她是个全世界最依赖陆子川的傻瓜，即使他声线成熟了、身高又长了、给她的感觉全变了，但从夜出现的第一天起，从她向神虔诚地祈求一个英雄的那一刻起，她就希望那个人是他。

果然神没有辜负她呢。

7

这一次陆子川被很多之前结了仇的人揍过后，估计要休学一年，纵使陆爸陆妈对卫田田有很多抱怨，但无论如何都不忍心责怪她，念在过往的情分上，还将她接到了自己家中。

从此她和陆子川又要一起成长了，她发誓当个学霸，绝不拖后腿！

在卫田田的日记本里，夹着一张他与陆子川的合影，上面写着：这个人，是我心中最伟大的英雄。那是一个"中二病"少女年轻时最甜蜜的心事。

这世间，能有这样一个人，让她无论长多大都有一份天真地相信，是多么美好的事呀。

谢谢你，守护者。

年少时光，语焉不详

Z姑娘

故事开始以前，最初的那些夏天

我清楚地记得，遇见周北是在炎热的夏季，那天所有小学生都放了暑假，黄昏的光静悄悄的，在天边晕开大朵的花海。

顾楚天霸占了我的冰箱和床，看完《魔豆传奇》又看《虹猫蓝兔七侠传》，最后我忍无可忍地挡在了电视前面，咬牙切齿地看他吃完最后一根可乐味的碎冰冰，顾楚天拍拍裤子说："我们去吃饭吧？"

很遗憾的是，那天爸妈临走前大吵了一架，连买瓶矿泉水的钱都没给我留下，顾楚天拍拍胸脯，"没事，我藏了很多私房钱。"

于是我们一同跑到了另一栋楼的顶层，我一个箭步冲过去就要敲响他家的门时，听到阿姨怒气冲冲的声音几乎是炸裂到门外，"居然冒充我们签了那么多张不及格的试卷，等他回来……"

顾楚天手忙脚乱地捂住我的嘴巴堵上我的耳朵，灰溜溜地把我绑到了楼下。

天色已经没有原先那么灿烂了，顾楚天那个嘴跟坏掉的水龙头似的喋喋不休，见我一言不发，他凑过汗津津的脑袋，哎呀叫了一声，伸出脏兮兮的手就往我脸上糊，"索索你别哭啊。"

不过后来无论谁问起这件事我咬紧牙关不承认，不，我蒋索索从没被饿哭过！

那天我们像两只没人管的小怪物游荡在老城区的街道上，我听到了一阵跟我弹琴似的极其有节奏的吸鼻涕的声音。

"谁这么不讲卫生？"我嫌弃地转过头，迎面是一家冷清却依旧透着暖橘色灯光飘着香的包子铺，门口坐着个埋头写字的男孩。

顾楚天说，那天我的笑是带着匪气和邪气的，他当时就在心里为周北祈福了，这个看多了小说的混世魔王一本正经地说："劫难？是这么形容的吧。"

我一巴掌拍了过去，"你少给我乌鸦嘴。"

那时的我是真的没想到，将来有一天，顾楚天一语成讪。

周北抬起头，我当即被他脸上的巴掌印子吓了一跳。

我问清了来龙去脉，"那你想不想让包子铺的生意兴隆起来，阿姨以后不迁怒你撕你的作文？"周北立刻小鸡叨米似的拼命点头。

"看过一本叫作《解忧包子铺》的书吗？"

意料之中地摇头后我得意地说："我也没看过，但我知道那是一家可以让顾客说一个故事就能免费吃包子的店，就因为这个，别提那家店现在多有名了。所以你给我拿几个肉包子，你家店就会很快出名。"

我和顾楚天直接篡改了前因后果，加上胡编乱造，周北兴致勃勃地跑进了厨房。我暗自窃喜，看来把别人卖了，还让他心甘情愿帮自己数钱的本事要从娃娃抓起。但其实那天并不是那么幸运，很快我就听见厨房里的一声怒吼，周北"嗖"地冲出来。

我拽过那袋包子立刻脚底抹油，但良心还是让我躲在一边的水果摊旁看完了周北妈妈手下不留情的全过程，等风波过去，我一边吃包子一边给周北口述了一篇作文补偿他。

周北笑了，那个单纯的亮晶晶的笑让我觉得自己是把他卖了还让他心甘情愿替我数钱的坏蛋。

那是我还不识人生之味的年代，情窦还未开

周北说，在十二岁以前，每次我跑到他家的包子铺敲他的桌子，他都会条件反射似的觉得屁股疼。我和顾楚天是那条街有名的不良少年，光是和我们在一起玩这一条罪证就够他望子成龙的妈妈双手叉腰站在街头河东狮吼了，更不用说三天两头就会有人跑去告状。

"你家少爷把我车划掉了漆。"

"你看我的菜园子被糟蹋成什么样了！"

顾楚天会逃跑，我爸妈在家的时间寥寥无几，告状的人对包子铺格外积极，因为周阿姨会送给他们一大筐包子赔罪。不过后来周北就不哭了，默默地挨几下扫帚，期间还能分心冲我做个鬼脸。

有时候碰上周阿姨心情不好，我也会于心不忍让周北别再跟着我们作恶了，周北就特别诚恳地说："索索你划破那个人的车是因为你看到他撞坏了张奶奶的小摊子还不认账。偷菜也不过是听楼下的爷爷说想吃新鲜蔬菜，这怎么能叫作恶呢？"

我扑哧一声笑了，周北特别认真的样子让我十分受用，这时候顾楚天就会不爽地拆我台，"这样叫善良，那要警察有什么用？"我气得直翻白眼。

我们相爱相杀到了六年级，那时候我是真的以为我们

会永远好得整日厮守在一起，哪怕顾楚天变得越来越令人讨厌了。

小升初考试提上日程后，周北时常从隔壁班跑来问我题目，一长串的题，我说得口干舌燥他却依旧满脸茫然，这时候顾楚天就抢走他的作业，"这么笨，还不如回家学做包子。"

周北不生气，但我猜他心里也有点儿不是滋味，实在做不出题时他问我："索索，考完试以后你们肯定会被实验中学录取，你们会不会忘了我？"

我大大咧咧地说"傻瓜"，同桌就坏笑着凑过了脑袋，"索索啊，如果有天只能选择周北和顾楚天其中一个人陪你，另一个老死不相往来，你会选择丢下谁呢？"

"丢下我自己。"我没好气地回答，这种乌鸦嘴的问题一向避之不及，直到那天，周北刷了一夜的数学题，却在第二天拿到了三十分的试卷，那是他长大后我第一次看见他哭。

白皙干净的面容上带着慌张，"索索，我不想和你分开。"

顾楚天不知道从哪里蹿了出来，"有患得患失的时间，还不如多做点儿题。"然后他扬了扬满分的试卷，转着篮球跑出了教室。

情窦初开的同桌锲而不舍地又问了我一遍同样的问题，我毫不犹豫地答道："当然是丢掉顾楚天那个又讨厌又毒舌的家伙。"

尔后我听到篮球砸落在地上的声音，我猛地抬起头，顾楚天站在不远处，神色像一汪暗色的湖水，写着巨大而真实的难过……

心里有一些话，我们却不讲

我不是没和顾楚天吵过架，但这么久的冷战还是第一次，久到我一看见他的背影就难过得要命。好多年了，顾楚天陪伴我的时间，比我父母加起来都长，亲密如血液相通的情感，轻易破裂得如此干净。

我想找个契机向他和好示弱，骄傲的自尊心却始终抬得老高，但机会还是来了。

距离小升初考试只剩下七八天的一个中午，我和周北吃着关东煮走在放学的路上，我心血来潮，"好久没去看张奶奶了，我这还有几串玉米和青菜，干脆带给奶奶吃吧。"

说完我还不忘叮嘱，"到时候就说是特意给她买的。"

我站在顾楚天家那栋楼的一楼使劲儿敲门，回答我的却只有安静。我不顾门卫的阻拦从窗户翻了过去，张奶奶晃悠了一下，倒在我面前。

我当即惨叫一声，张奶奶的嘴巴里吐着白沫，身体不住地抽搐着。周北闻声第一次翻窗，可是他完全还是个小孩子，楼道的门卫阿姨也心有余力不足。

我跑到外面搬救兵，迎面看见了顾楚天，我立刻拽住了他，"快点儿来帮忙，十万火急。"那一秒我才发现，不知不觉中顾楚天已经比我高了一头，坚挺的背像一枚盾牌。

他冷不丁地阴阳怪气，"还是周北更适合帮你。"说完大步流星地离开了。

好在张奶奶还是及时被送去了医院，顾楚天赶来时我已经站在路边等回去的公交了，周北和他一起把单车骑得快要飞起，衣摆扬起一个滚圆却帅气的轮廓。

顾楚天不停地跟我道歉，说如果知道是这件事，无论如何都不会丢下我们不管，可是事实胜于雄辩，我扬起脸倔强地说："我凭什么相信你？"

他道歉了多少天，我就多少次让他吃不了兜着走。顾楚天咬咬牙，"蒋索索你没完没了了是吧？"

那一秒我有片刻的心虚，想到要适可而止，却还是固执地说："我只是忙着给周北辅导数学。"

顾楚天松了口气，"交给我吧。"

毕业考那天晚上，周北一如既往当和事佬，自掏腰包请我和顾楚天吃冰，我们一边撕书一边牙齿打战，借来了打火机点燃了一场烟火。最美妙的时刻，顾楚天拽过我的手，郑重其事地说："蒋索索，我们和好吧？"

我才突然觉得心里一块石头落了地。

那一天我也以为，我们三个人没有什么渡不过的难关，但我没想到，邻省的实验中学，只有我和周北考上了，顾楚天第一次滑铁卢。

后面的假期我们争分夺秒地待在一起极力掩饰着情绪，我悄悄给顾楚天准备了分别礼物，但最后替我拿行李跟我同行的却也是他。

顾楚天家里人动用关系交了择校费，周阿姨却因为起早贪黑做包子累倒了，周北没有爸爸，他只能留下来照顾至亲。看吧，穷人家的孩子早当家，那时候我们就体会了人生的不公。

你得到你想要的吗，换来的是铁石心肠

到了实验中学后我和顾楚天的光芒就被掩盖得几乎没有了，我们都只有小聪明，没有大智慧，玻璃扔到真钻石里，分分钟见真假，陈宁就是其中的一部分璀璨。

小城里上学年纪普遍晚，陈宁则是替朋友出头打了一次架，被迫休学，多上了一年，经历过小风雨的少年做事体贴温暖，常常坐在我后排逗我笑。

初二的时候，我们三人行依旧坚持着每个周末见一次面，后来又加了陈宁，我坐在他的单车后一路飞驰。不知道是不是我的错觉，顾楚天比往昔要沉默，只有周北还是

一副傻乎乎又很简单的模样给我们买好吃的，以及强颜欢笑。那是我们后来才知道的。

这一年里，我们的生活都发生了惊天动地的变化。

有天中午，陈宁和我坐在教室里，趁教室无人在桌子上用蜡烛简单地摆了一圈爱心，他告了白，我点点头，然后他红着脸僵硬着冰凉又微颤的手包住我的手写物理题。

以前我觉得顾楚天挺厉害的，周北只能听懂他讲题，现在陈宁随手几个公式，一道物理大题便迎刃而解。

我把精力分给了一个人，另一个人就会被忽略。那天中午周北和顾楚天站在教室外各怀心事，但我丝毫未察觉擦得锃亮的大窗户外面站着两个人。

周北是特意赶来的，晚上我才想起顾楚天的生日，我竟然忘得一干二净。

我打电话给顾楚天，被他按掉，周北悄悄给我发短信，"顾楚天现在很不好，我陪他在你们学校的操场打球。"

穿着白衬衫的顾楚天站在夜幕中有一点儿发光的感觉，我喊了他一声，迎面一个带风的篮球砸了过来，我用胳膊挡住，还是被砸倒在地上。

周北不可置信地望着顾楚天，"你疯了？她是索索啊。"

"是蒋索索又怎样？"顾楚天的语气里带着一丝复杂的失落，顾楚天说："我喜欢你你对我怎么样都行，我不喜欢你你什么都不是。"

周北和我一起愣在了那里。

我心烦意乱地找同桌聊天,她哈哈大笑,"顾楚天一直喜欢你,是你自己不长脑子。对了,周北也是。"

"噗。"我的手机沉浸在了西瓜汁里,"周北还是个小孩呢。"

"你不知道你眼里的小孩到底承受着什么。"同桌丢下一句没头没脑的话,挂断了电话,可是之后无论我如何逼问,周北都是从前那个乖巧的样子,"没什么,真的,等你们寒假回来,还跟过去一样。"

此生多勉强,此生越重洋

陈宁见我经常担心,主动说:"今晚我们逃掉晚自习去看看吧。"我点点头,给顾楚天打电话,我们和好了,但对·些事只字不提。

黄昏时候我们坐在一家卤味店吃面,夕阳凝结了光彩。陈宁把碗里的肉夹给我,"别乱看了,快吃。"

顾楚天"咚"地站了起来,"算了,周北估计也没什么大事,你们自己去吧。"

我追出去,顾楚天红着的眼睛像一只暴怒的狮子,"蒋索索,我麻烦你把我当人看待,顾忌一点儿我的感受。我们不要再联系了。"

我手足无措地甩开一直被陈宁拉着的手，顾楚天哭了，一米七的男生站在川流不息的街道，轻轻抱了抱我，"对不起索索，我说过我会永远陪伴你保护你的，但我做不到看着喜欢了那么多年的女生和别人情投意合。"

顾楚天说："别再联系我了，周北那边替我道个歉，有他在我就得跟你和好，可是蒋索索你不理解这种感觉。"

我没哭，得到就总该有失去，我知道我们之间完蛋了。

但我跟陈宁说："你走吧。我现在心里很乱。"尔后很没出息地逃跑了。

很多年后我们遇见，陈宁说："蒋索索你其实是个挺绝的人，你跑了之后我没找过你，我知道你不可能回来了，让你烦躁的事物你都会当即逃开。"

我确实自私，不会为别人考虑。回不去小城了，我在公用电话亭里取暖，天色已经完全黑了下来，我给周北打电话，问他能不能现在过来。周北在电话里急得要命，"索索你怎么哭了？你等着我，顾楚天怎么会扔下你？等我到了饶不了他。"

周北送我回到学校后已经很晚了，我转头用手摆了一个喇叭大喊："路上小心！"

周北冲我挥挥手，那一瞬间我有种错觉，那条学校外一下雨就泥泞得难以走动的小路此时像一首诗。

那是我最后一次和周北面对面。

第二天，同桌的电话响到第七次的时候，我不耐烦地接通，"今天没八卦。"

"你要不要回来一趟？周阿姨失踪了。"

我当即打车回到小城。周北家确实出事了，他跟我们隐瞒多半是怕我们瞎担心，毕竟这世界上，有太多心有余而力不足的事，我们根本没有能力替周北分担。

周阿姨累得晕倒后就一直有些神志不清，邻居帮周北卖掉了包子铺。好在地段好卖了个好价格，周北存起来，每天放学后打工赚钱，回家照顾周阿姨，忙得停不下来，存款他只舍得用一点点。

那天晚上周北照例带着周阿姨去散步，接到我的电话后匆匆把周阿姨送回了家，慌张得忘了锁门。我偷看到周北去派出所报失踪，眉眼干净却满是憔悴，同桌跑去帮忙，周北说："也没什么需要忙的，你别告诉蒋索索就行。"

人随风飘荡，天各自一方

周阿姨失踪的第二十九个小时，我去了旧河边，水边风声猎猎，我想起有一年端午节我们一起去放生黑鱼，我坐在顾楚天的自行车后座和周北聊天，哈哈大笑得晃翻了车。顾楚天在倒下去的那一刻挡在车下面，我的脸没有磕到地面上。

我站在河边祈祷，要是黑鱼想报恩就让周阿姨回来吧。周阿姨没回来，周北的外婆来了，母子连心，她从一个我压根没去过的地方找回了周阿姨。

周北松了口气，兴奋地打开手机，我的手机在一瞬间震动起来，我按掉，收到周北的短信，"忘了你在上课，我现在实在是太高兴了，明天我去找你吧？给你带蓝莓慕斯。"

高兴的那一瞬间，他第一个想到要与我分享。

但我扔掉了手机，很快便转学去了全封闭初高中连读也没假期的学校，又让情窦同桌帮我转达了他。

被我祸害了十几年的周北，会在时间里淡忘我吧，我不敢再影响他的生活。

到这时为止，我迎来了我的十六岁，我曾得到的，又完整地失去了。

有点儿遗憾，平生一顾，却未能至此终年。

听歌的人不许掉眼泪

夕里雪

你说听歌的人不许掉眼泪；我说你的歌声是沙，我只是被迷了眼。

春季开学的时候，闺密喜欢上了《我是歌手》，每天盯着白马王爷李健一边擦泪水一边擦口水。我偶尔陪她看，但没有把看节目当成过一件放在心上的正事。那天，闺密又来拉我看节目，我说我得抄英语作业，你把电脑声音调大一点儿，我听得见。然后我就把节目当背景音乐，昏昏沉沉地抄着作文，直到熟悉的歌词像突然伸出的手拉住了我的衣袖，倏尔闪过眼前的过往让我再也没办法心平气和。

穿过狂野的风/你慢些走/我用沉默告诉你/我醉了酒……

有时候一首歌就是一段记忆。前奏响起，不小心唱了谁的过去，很轻易地就红了眼睛。

我突然就想起了丽江。

去年三月我从上海逃课到丽江，因临时兴起，完全没有做攻略。到了大研古城，随便在南门街找了一家客栈扔下行李，便饥肠辘辘地冲进附近一家米线店。正当我捧着大半碗饵丝追在老板娘屁股后面问东问西的时候，脑袋被人不客气地敲了一筷子，"哎，你后天要去玉龙雪山？正好啊，我也去。"

那个敲了我一筷子的人叫磊磊。哦对了，那天的饵丝在我的强烈要求下让他付了钱。

磊磊是学音乐的，寒假和人打了赌，揣着一张往返机票背着一把木吉他就一路从成都卖唱到了丽江。风马少年，执剑天涯，他当作闲谈的三言两语却字字都是我向往至极的生活，像是突然遇到了知音，我们从南门街兴致勃勃地聊到了北门坡，又从四方街聊到了五一街。

我从来没想到我哪里来那么多的话。

后来绕回到木府门口，我张罗要去吃土鸡火锅，他却突然放下了一直背在身上的吉他，大大咧咧地说，等会儿，我得先把今天的晚饭钱挣出来。

只是简单的几个和弦，整个世界却立刻安静了下来。

那时的丽江像被人统一按了单曲循环，满大街都是小倩的《一瞬间》，磊磊一开口，却是一嗓子悠扬的蒙古呼麦。我愣愣地站在街上，看着这个被高原紫外线晒得一脸黝黑的男孩子，在这一方高原的午后阳光中轻轻眯起了眼，低声吟唱着一首陌生的歌。

飘向天边的云/你慢些走/我用奔跑告诉你/我不回头……

我从来没听过那么好听的民歌，仿佛能从歌声中看见一望无垠的草原，看见远山青黛，看见白云皑皑，看见风吹草低见牛羊。那一天，我放弃了所有的行程，坐在磊磊旁边听他唱歌，替他整理零钱。我对路过的每一个男生女生甚至每一条回顾的狗微笑，我不知道自己的心情为什么那么好。直到华灯初上，酒吧街的重低音音箱将木吉他的声音蛮横地覆盖，磊磊拉起了我，走，去吃土鸡火锅！

我一边咂摸着口水屁颠儿屁颠儿地跟在他后面，一边问：哎，你今天唱的第一首歌叫什么啊，那么好听？

他得意地回头一笑，给了我一个最不要脸的回答：你猜。

猜你妹啊！

第三天，我和磊磊去了玉龙雪山。不同于一般游客，我们走的是徒步路线。在玉水村骑马上了蚂蟥坝大本营，剩下的就纯粹靠双脚在未开凿的野路手脚并用地爬。

我自负上过三趟高原，并未把玉龙雪山放在眼里，一路跑跑跳跳，和磊磊一边爬一边闹。也许是连续几天没有休息好身体疲惫，也许是这座有灵气的山有意惩罚我的轻狂，在离扇子峰垂直海拔不到八百米的垭口附近，我出现了高原反应——心跳加快，呼吸急促，而且很想睡觉。磊磊扶着我坚持又走了半个小时，我终于决定放弃。我说，我真的不行了，每走一步都恨不得喘三口气。

此刻我们大概到了海拔三千九百米，磊磊抬头看了一眼垭口——来之前我们研究过地图，翻过垭口就能看见扇子峰。他似乎很不甘心，但思忖了一会儿，还是对我说，来，我们下山。

我却推开了他的手。我说磊磊，你的身体状况完全允许你登顶，我就在这等你，你带着我的佳能拍两张山顶的照片回来给我看看，不然太可惜了。

他想也没想在我脑门儿上就是一个爆栗子，他说你傻吧，这山上现在就我们两个人，我要是把你一个人扔在这，你被吃了我都不知道。

磊磊说的是实话，三月中旬本来就是旅游淡季，我们又在工作日上山，加之走的是人迹罕至的后山徒步路线，目光所及之处除了山坡上歪歪扭扭的一棵树以外，别说人了，连动物都没有。

但是我真的不愿意因为自己的原因牵连磊磊。他从成都一路卖唱走到丽江，把雪山作为此行的终点站。如果不能登顶，那种遗憾无法言喻。我说不行，我不能就让你这么下山。

磊磊也是个固执的男生，我们在山坡上拉拉扯扯，矫情得如同生离死别。最后，我抱着山坡上唯一的那棵树死活不走，他才勉勉强强地答应了我，把身上所有的水和食物都留下，还怕我睡着从山坡摔下去，点了一根烟硬塞到我嘴里，而后背着相机走向了垭口。

我看着他的身影在垭口慢慢消失，心里默默祈祷：雪山的山神，请你一定要保佑他平安到达扇子峰。

也许这些桥段你在电视剧里看过，所以你怀疑我杜撰。但是在真正的雪域面前，生命太过渺小，当你发现自己除了祈祷完全无能为力，才会愿意承认自然才是万物的主宰。

磊磊走了两个小时。山上没有信号，我们无法通过电话联系。硕大的山坡空无一人，陪伴我的只有山风吹过枯草发出的秋秋声。所以你应该可以想象，当他的身影在垭口再次出现，我会有多么的欢呼雀跃。

不约而同地，我们抱在一起高声尖叫。

我从不承认自己是一个幸运的人；但那一刻，我觉得，我们冥冥之中一直是被保佑着的。

第二天，磊磊就要走了。我送他到南门街公交站，车还没来，他自顾自地哼起了歌，还是那首蒙古民歌。我说磊磊你都要走了，你快告诉我这首歌到底叫什么名字吧。

他还是那副欠扁的脸：你猜。

我刚要骂他，他却跳了起来，哎呀车来了我走了！他日有缘路上再见！

然后就连跑带颠儿地冲上了公交。

我们没有矫情地互留联系方式，就像磊磊说的：他日有缘，路上再见。缘分来了无须忸怩作态，缘分尽了也不用恋恋不舍。

　　我以为我和他做的一样好，直到那一日在闺密的电脑上听到谭维维唱的那首歌。

　　原来那首歌叫作《乌兰巴托的夜》。

　　闺密突然晃我的肩，建建，你怎么哭了？

　　已经一年了。我不知道他的全名，不知道他是哪个音乐学院的，除了指望着"有缘再见"，我没有任何在茫茫人海寻找他的办法。我一直以为我只是把他当成我众多驴友中比较印象深刻的一个，却不想在一年之后，被这首歌掀开了回忆，让自己哭成了泪人。

　　仍然记得，这首歌最后一句歌词：听歌的人不许掉眼泪。磊磊唱的时候喜欢拖一个长音，仿佛最后的歌声都慢慢地洒在了微风里。

　　于是他的歌声变成了风，而我不是哭了，只是被扬起的沙尘迷了眼。

思念如白马

短裤，短裤

老　K

阿宝有很多条牛仔短裤。低腰、高腰、铆钉、波点、暗纹、花朵，磨旧。

她十三岁买的短裤现在还在穿。

夏天她习惯踩着一双嗒嗒作响的夹脚拖，冬天她套一双厚底的芭蕾鞋。对了，她从不穿裙子，也讨厌穿袜子，那些穿着短裤还套着黑丝袜的女人或热衷丁模仿女人的女孩儿通通让她作呕。有些八卦的女孩儿在私底下说她走路的样子很妖娆。

其实她们用错了词语，阿宝走路的确跟别的女生不一样，她把步伐迈得很大，把腿伸得很直，脸上没什么表情。除了长发在飘扬，加上她那两条细细长长的腿，给人一种模特走T台的感觉。但她并不自知。她总是在赶，赶来学校，怕迟到，怕被罚站，怕被路过的男生女生用眼神瞟她，放学铃一响就马上赶回家，怕错过一直在追的港剧。

她总觉得一个人，或者说一个女生，急匆匆跑着追什么东西的样子很蠢。

有一段时间，阿宝桃花运爆棚，接二连三地有男生对她表示好感要追她，她觉得好奇怪，"要追就追啊，干吗要提前告诉我一声，或者问我可不可以追你，你要我怎么回答，追你妹吗？"超人说："那是因为他们不是真的喜欢你，只是喜欢你的大长腿。"阿宝说："喜欢有什么用，那是属于我一个人的大长腿。"

超人给了她一个惨绝人寰的建议，"你可以试一下穿长裤，铅笔裤啊哈伦裤啊什么的，也可以试下长裙啊，女神都那样穿。"

阿宝朝他熟练地翻了一个大白眼，说："我是无神论者，死开点儿好吗？"

她从来不知道，超人一直觉得翻白眼是她脸上最妩媚的表情。也就是说，她已经用白眼勾引了他好几年，从初一第一次来例假到现在高二分文理班。

他问她为什么选理科，她说："理科男生多啊，你知不知道文科班一大群女生叽叽喳喳多恐怖。"

他表情痛苦，"那你为什么要帮我也选理科？"

"你不是只会数学吗？"

"一个班连女生都没几个，还学什么数学？"

"走吧,我请你吃冰。"

他比她高十五厘米,但他们走路的步伐却相当协调。

他们经常肩并肩走在一起,吃冰、买水、看电影,或者只是单纯地走一段路,然后其中一个意犹未尽地转身原路返回。别人自然觉得很暧昧,但她很坦然。一如既往地穿着她那些短裤,在这个寒意渐深的季节。她穿着衬衫和短裤,毛衣和短裤,外套和短裤。凛冽的寒风拂过她裸露的长腿时,她真的有点儿像一个模特儿。

"你不冷吗?"

"冷死了。"

"那你干吗不穿裤子?"

"你瞎了吗?"

"我是说你干吗不穿长裤?"

"每天晚上我都发誓第二天早上起来一定要换条长裤去学校,但每次我一觉醒来在镜子前刷牙,就觉得我的短裤好漂亮,那些须须好漂亮,褶皱很漂亮,口袋也很漂亮,然后我就舍不得脱下来了。"

超人觉得她无药可救。

"你脑袋是不是有毛病?那些短裤你以后还是可以穿,在夏天穿,天天穿都可以,现在大冬天的你还穿短裤,你妈怎么还不打断你的腿?"

"可是,搞不好下个夏天我就爱上别的裤子不再穿它们啦。那样多可惜。"

"你不会的。"

"你怎么知道？虽然我觉得有些潮流很愚蠢，但的确有很多漂亮的裤子啊，漂亮的东西我都喜欢。"

"我怎么不知道？你只爱短裤，从初中到现在。有时同一条短裤你还会重复买几条。每年夏天你都会说，这几条再穿几次就不要了，你要穿新的。但到了下个夏天你还是穿着那几条旧短裤。每年你都会把最新的短裤买回家放在衣柜里，等它们过时了你才拿出来穿。"

"天啊！原来我这么变态，我一直以为自己很时尚。"

"你越来越幽默了。我不明白你为什么老是害怕自己一觉醒来就不再喜欢某件东西，或者某条短裤。"

"因为这个世界可爱的东西太多啦，我觉得自己心胸狭小，爱不过来。"

超人开始每天打电话提醒她换长裤。她总是在电话里抱怨冷死了冷死了，在夏天时她会抱怨热死了热死了，但她始终很快乐。因为迟到被老师要求上讲台作检讨，她诚实地说自己昨晚看电视看太晚了，一脸不情不愿，下来前朝着胡老师的背面翻了个大白眼，然后一扭一扭地回到座位。全班哄然大笑，老师莫名其妙。

她总是快乐地赖床，快乐地看电视，快乐地吃夜宵，快乐地呵气，快乐地鄙视那些穿短裤和黑丝袜的女人和女生。

无意中听到几个男生谈论班上的女生女老师的穿着，有个戴眼镜男生说觉得阿宝品位独特，有一种潦草的美感。"潦草"这个词是另一个男生说的，戴眼镜的说的是"乱七八糟"。

超人听着在心里笑了，她什么品位都没有，除了一双大长腿。

认识她那么多年，她的性格和习惯似乎从来没有变过。她一直是个笑点偏低、个性简单、处事干脆、没心没肺的女孩子。身上始终有一种漫不经心的气息，随波逐流就是她的原则，但超人才不会上当，她其实十分自我。她是那种平时和朋友通宵K歌，看电视看到天昏地暗，好多天衣服攒在一起洗，在考试前几天喝掉一大罐咖啡开启学霸模式的人。

大多数高中生不是忙着学习就是忙着恋爱。但她两样都不是。

她喜欢耳钉、墙纸、笔芯、鞋盒、卡片、指甲油，但她又觉得这些都是垃圾，有时候她想把这些东西全部清空然后在空无一物的房间好好睡上一觉。她好像什么都爱，又好像什么都不爱。

她还是像初中那样，怕迟到，怕老师拖堂。他刚好相反：初中三年是乖乖牌，中考后开始混，跟着别人抽烟喝酒泡妞，高一曾是有名的花花公子，高二后逐渐静下来，变成一个低调的普通青年。

无论他是乖乖牌、不良青年还是普通青年，她对他的态度都是一样的。陪他去买练习本，买魔方，买烟，失恋时放弃电视时间陪他去打机。

　　有一次在朋友的生日派对上，他喝得有点儿醉，扶着她摇摇晃晃地从房间走出来，趁着酒意，他抱住了她。她没有挣开，轻轻地拍着他的背，他趁机想要吻她，但她非常利落地躲开了。两个人还维持着拥抱的姿势，但无论他怎样靠近，她始终能保持距离。她不是在扭捏作态。无法面对被拒绝的窘境，他干脆让自己昏倒在她身上。他知道这招很烂，但他真的不想睁开眼睛，反正她始终让他琢磨不透。他想不到她会把自己背回家。她走得那么慢，那么沉，而他只能别无选择地装睡。

　　天啊，她怎么会有那么大的力气。她到底是真的不懂还是假的不懂？怎么会有她这样的女生？她谈过两次恋爱，在高一刚开始和快结束的时候，都维持不到两个月。她说她无法长久地爱任何一样东西，包括人。

　　他以为她是在有恃无恐地炫耀。但她真的不再轻易和任何一个男生靠近。失恋后她叫他请她看了一场午夜电影，他以为她是想找一个机会哭一场或制造一种氛围伤感一番，于是他做好了随时献出肩膀和怀抱的准备。但她抱着爆米花坐在黑暗的电影院里笑得前仰后合，他忍不住在心里感慨，居然有笑点低得如此不可思议的人。

　　她盯着屏幕说："哇，女主角那个包好漂亮啊。"

　　他注意到，她的眼神里闪着涟滟的光。那是一个香奈儿的皮包，属于低调奢华有内涵那款。这个包让他在床上辗转反侧了一个凌晨，他开始思考自己的将来，比如，应该从事什么职业？什么职业的薪水够他送那样的包给自己的女朋友？据说女孩子长大会越来越物质，其实也无可厚非啦。万一他以后爱上一个拜金女，他无法忍受自己的女朋友因为他买不起一个包而离开他。后来他跟她说起奢侈品的时候，她说："你不觉得那些花几万块买一个包的女人很脑残吗？"她总有办法使他抓狂，而她永远不自知。

　　有一次他背了一个新书包去上学，她随口说了一句，"哇，真酷。"他马上把书倒出来然后把书包送给了她。他觉得她必须在爱上某样东西的第一时刻得到，否则她就不想要了。或许她就是这样的人。如果他发一条短信她没及时看到她会直接回电话，如果他打电话找她而她没接到她会直接过来找他。或许她在某一时刻也曾对我动心，只是我不小心开了个小差。

　　他想不明白也不甘心。

　　是不是两个人一开始没有在一起就永远没了可能？错过了一拍即合的那个点；又或者两个人认识得太久，根本无法划清爱情和友情的界限。

　　想起她满衣柜的短裤，想起她房间里那台小小的电视机，想起她喝糖水时幸福得要死的表情，想起她那些妩媚的白眼，想起她赖床时懒洋洋的声音，想到她始终在克制的激情。他对自己说，慢慢来。不管她多么不在乎，又或者神秘，她会绽放，他要让她绽放。

在一个下暴雨的夜晚，阿宝不知多少次下决心收拾衣柜。她一直觉得叠被子和叠衣服是一件毫无意义多此一举的事情，被子和衣服不就是用来翻乱和乱翻的东西吗？但很偶尔的时候，她也会做一些没有意义的事情。衣柜底层有好多条短裤，她一条条翻出来，像个白痴一样接二连三地赞叹："这条好漂亮！这条也好漂亮！还有这条这条这条……"她不由自主地站在镜子前一条一条试起来，试完一条随手一扔，继续试下一条，不知不觉她的房间变成一座废墟，床上、桌子上、电视上、地板上，全是短裤，乱七八糟的短裤，无处不在的短裤。阿宝在一条短裤的口袋里摸出二十元钱，又在另一条短裤的口袋里摸出两张电影票根，是去年夏天和超人一起去看的，那晚也下着雨，她蹲在马路上等他去公路对面买奶茶。他们还讨论电影中的剧情，讨论她失恋的原因，她说："我无论对任何事物都无法长久，包括人。"

其实还有半句她没说出口，除非得不到。

她回忆起许多往事，然后在废墟的中央睡着了。

思念如白马，从未曾停蹄

林笛梵

隔着人海，我终于看到了那张我日思夜想的脸，此时正笑靥如花，手掌宠溺地拍着另一个女孩儿的脑袋。

徐嘉柯，你一定不知道，这些年，我的思念如白马，从未曾停蹄。

1

十四岁的徐嘉柯最喜欢吃杨梅了，于是我收集了所有关于杨梅的图片信息。放学后，我拿着一张去年的旧报纸去隔壁班找徐嘉柯。

徐嘉柯还没有走出来，他的好兄弟张国栋便开始起哄道："嘉柯，你的青梅竹马又来找你了，我先回去了。"

"喂，等等……"徐嘉柯声音未落，张国栋的背影已经消失在楼梯的过道上，我笑着上前一步，露出了自己刚换的两颗大门牙，笑呵呵地说："小柯，我知道哪里可以摘到杨梅了，棒不棒？"

那时的我，等着徐嘉柯夸一句"李卓珍你要不要这么厉害！"然后我们一起背着书包去探险去摘杨梅。可是徐嘉柯只是别扭地扭过脑袋，半天不说话，我只好试着伸手去牵徐嘉柯的手。

徐嘉柯大力地甩开了我的手，抬起头愤怒地看着我，"李卓珍，你是不是忘记吃药了啊，我说过多少次，不要来我们班上找我，你就是听不懂是吗？我不喜欢和女生在一起玩，尤其还是你这么丑的女生。"

我被徐嘉柯吼到呆住，眼里打转着委屈的泪花，小声地说："可是你妈妈说了，我们每天放学后要一起回家，我们从小一起玩到大，你以前都是好好的。"

"以前是以前，现在是现在。"徐嘉柯懒得搭理我，大步流星地下了楼，我搞不懂，上了初中以后徐嘉柯为什么开始躲着我，像躲着细菌一样地躲着我。

于是，我偷偷地尾随徐嘉柯进了一家网吧，张国栋也在那里，他们好像在打游戏，我看见徐嘉柯手指在键盘上轻快地跳跃，脸上闪着快乐的光。

张国栋和徐嘉柯从网吧出来的时候，看见了坐在楼梯道里的我，他俩满脸惊讶，徐嘉柯压低了声音问我："你跟踪我？"

我点点头，笑着说："放心，我会替你们保密的。"

《吸血鬼日记》里有一句经典台词：共享秘密的纽带比亲人关系更加坚固。因为我知道了徐嘉柯偷偷上网打游戏的秘密，徐嘉柯待我，便好了很多。

回家的路上，徐嘉柯便向我全盘托出："其实，不希望你缠着我，除了这个秘密不想你知道以外，还有一个原因。李卓珍，你能不能留起长头发，像个女生一样，你看你，一个女孩子家家的，剪个男生的短发，又瘦不拉几的，你知道其他男生怎么说我吗？"

原来是这样啊，虽然心里很不好受，我还是弱弱地问了句："怎么说？"

"说我喜欢男生，为了掩人耳目，才找了这么个不男不女的青梅竹马。"徐嘉柯说完，见我不吭声，才意识到应该是说错话了，然后补了句："小珍，以后穿裙子吧，你还记得吗，你小时候就像一个公主。"

我轻轻地啜泣，用手大力地擦干了眼泪，坚定地看着徐嘉柯的眼睛，"小柯，我以后再也不会给你在朋友面前丢脸了。"

喜欢一个人的时候，真是有点儿无厘头，不管他说出什么理由，只要有一线希望靠近他，就不会放弃。

而徐嘉柯，你知道吗？从你搬家到这座城市第一次递给我一颗杨梅的时候，我就已经喜欢上你了。杨梅酸中带甜，就像我看到你时，心里满满的都是甜蜜，你却满脸疑惑地说："丫头，大门牙都不在了还笑得这么甜？"

2

中考那年，我的头发已经留到齐肩那么长了，徐嘉柯说我长高了，牙齐了，越来越好看了。可是我却不争气地考砸了，上不了徐嘉柯考上的五中，于是我狠了狠心，复读一年，这样高中起码还有两年时间可以和徐嘉柯在一个学校。

徐嘉柯和我爸妈都劝我，女孩子没必要留级，其实三中也不错。

我一心一意地认定了五中，谁的话也不肯听。

五中开始军训的时候，我已经趴在初三的桌子上认真地做着习题了，我告诉自己，就一年好好努力，收收心暂时不去找徐嘉柯，他也跑不掉的。

我只是没想到，在漫长的时光里，徐嘉柯会遇见新的人，而我也遇见了路小白。路小白比我低一年级，我留级后，我们同班，他常常打着我是学姐的旗号跑来问我题目，美其名曰李学姐这些题你都做过八百遍了，教教我，好人一生平安。

刚开始我不了解路小白的为人，新同学也不好拒绝，讲解了一道极具挑战性的函数题以后，我才发现，这样的日子只是个开始。

路小白脸皮很厚，我告诉他，我不能再把时间耽误在给他讲题上了，我这次必须考上五中，要妥妥的。

我刚埋下脑袋准备做题，路小白就哭丧着脸趴在我的桌子上了，瞧瞧那湿润的眼眶，委屈到家的表情，加上技压群芳的演技，"李学姐，你就好人做到底，好人一生平安。"

我撇撇嘴，一脸的嫌弃，傲娇地转过头说道："我不要做好人。"

"李学姐，你怎么这样啊？"路小白赖在我桌子上，我做题也不是，看他也不是，只能把椅子往后移了下，笔直地坐直了身体，双手抱胸看着他，他继续说道："我们互相帮助，到时候一起考五中嘛！"

"你怎么帮助我？"我挑挑眉。

"李学姐，你怎么不问为什么要一起考五中？"路小白此话一出，我顿时觉得他的脑洞和正常人不太一样，于是我把试题从他趴着的整个胳膊下抽出，换了个位置继续做题。

月考成绩出来后，令我没有想到的是，数学那么烂的路小白居然其他科科科接近满分，他嘚瑟地拿着成绩单在我面前晃了一大圈，我看了看我的英语成绩刚过及格线，招呼着路小白过来一叙，"小白，你上次的提议我觉得……"

"什么提议？"路小白故意装傻。

"算了，当我没说。"我收拾了书包准备回家，路小白这个得寸进尺的家伙，我还懒得搭理他呢。路小白一路跟着我，点头哈腰地道歉，"李学姐，刚才开了个玩笑，你的英语交给我了，保证你中考成绩满意。"

"真的？"我如愿以偿地得到了答复，露出狡黠的微笑，拉着路小白朝另一条巷子走去，"学姐今天带你去摘杨梅，好好表现。"

"是，是。"路小白屁颠儿屁颠儿地跟着我去摘杨梅了。

后来我总在想，那时候的我怎么那么坏，路小白摘了那么多杨梅，我却只让他吃了几颗酸的，我把大颗大颗的甜的都留给了徐嘉柯。

3

徐嘉柯高一的一年里，我只去找过他一次，就是给他送路小白摘的杨梅。我把一袋子杨梅递给他以后，他笑着问我："李卓珍你是不是喜欢我？"

我被问蒙了，我没想到一向对感情问题内敛的他，会突然这么直白地问我这种问题，我点点头，然后摇摇头，最后撒开丫子跑了。

但是我还是清楚地听见，徐嘉柯说："李卓珍你要是考上五中，我们就在一起，然后一起考大学。"

思念如白马

我回家后，坐在书桌前拿着英语书傻笑了一个小时，直到我妈在客厅接起了家里的座机，然后朝我卧室喊道："小珍，你同学找你。"

我披着外套出了家门，楼下路小白站在原地转悠，路灯下的他看起来落寞极了，我上前就是一顿责备，"路小白，这么晚喊我出来干吗啊？"

路小白把一小袋杨梅变戏法一样从后面变给我，然后压低了声音说："我知道你那袋杨梅是送人的，你自己都不舍得吃，这是我摘的时候偷偷藏起来的，你自己留着吃。"

我接过杨梅，然后从里面拿了一颗一尝，"哇，路小白，这么酸你给我吃？"说着我抓了一大把递给了路小白，自己留了一点儿，路小白半信半疑地尝了一颗，"不酸啊。"

我已经偷偷溜上楼了，站在家门口半天没有进去，那杨梅确实是甜的，路小白，你的杨梅甜得让我红了眼。

第二次参加中考，我感觉比第一次还要紧张，路小白在进考场前安慰我，"李学姐，放心吧，以你的实力妥妥的。"

我认真地写每一道题，写完再认真地检查了一遍，生怕哪里出了错，就从此和徐嘉柯失之交臂了。

忐忑的心一直到中考成绩出来后，我才缓缓平静了下来，我和路小白都考上了五中。得知成绩的当晚，我准备喊徐嘉柯出来吃饭，路小白却偏偏跑来找我，说是请我吃韩国烤肉庆祝庆祝，最后演变成我们三个人一起去吃烤肉。

路小白和徐嘉柯都喝了点儿酒，我一个人去了趟卫生间，回来后就看见两人打了起来，我不由分说地拉开了路小白，我说："路小白，你干吗呢？"

路小白看着我，眼睛里流转着我看不懂的情绪，他干了一瓶啤酒，然后说李学姐你就当我喝醉了胡闹，说完就走了。

我看了看徐嘉柯，问他有没有事？他只是笑着说，没事，闹着玩呢。

这一场不愉快的晚饭很快就被我忘至脑后了，因为迎接我们的是全新的高中生活，有徐嘉柯的高中生活。

4

张国栋当年也没考好，他认命地去了三中，临走前留了句，金子在哪里都是会发光的，朋友离多远都是不会变的。

我当时不置可否，心里的想法还是偏向朋友离远了早晚得生疏这个观点。

军训结束后，我好不容易甩开路小白，独自去找徐嘉柯，路上遇到了张国栋，他说他刚从徐嘉柯班上过来，他们同学说徐嘉柯去了图书馆。

于是我们两人一起去图书馆，很久没见，我们寒暄了几句，然后我半开玩笑地问了句："怎么样？高中有没有追女生呢？"

张国栋叛逆张扬，满嘴跑火车，初中除了打游戏就是逗逗长得可爱的女生，按照正常程序发展，高中肯定不会闲着，我也就那么随口一问。

所以没想到刚好说到张国栋最感兴趣的部分，他一边走一边喋喋不休地给我讲，三中如何如何的男多女少，为数不多的女生要不名花有主，要不惨不忍睹，所以我才常常来五中串门啊。你看看五中，美女成群，徐嘉柯追的那个可是校花……

一时间，我站在原地愣住了，原来徐嘉柯已经有了喜欢的女生，张国栋还在说着话，突然发现我落在后面发呆，赶忙又折了回来，语气不安地问："李卓珍，你怎么了？你是不是因为我夸五中美女成群，忘记捎带你了？你看看，你现在出落得这么标致，五中新一届校花非你莫属。"

张国栋还是这般的头脑简单，四肢发达。他看了我和徐嘉柯这些年，还是不知道我喜欢徐嘉柯的心思。我头发一甩，故意挤出一个难看的笑容，"谁稀罕当校花啊？"

大概我的反应过于激烈，张国栋自动默认为我就是因为校花头衔不爽。见到徐嘉柯时，张国栋先我一步跑了过去，搭着徐嘉柯的肩膀说："老徐啊，让你们家周璐把校花位置腾出来呗，总得给新人一个机会不是……"

说完张国栋意味深长地看了我一眼，徐嘉柯顿时明白了，笑了笑，我只想找个地洞钻进去。徐嘉柯身后突然冒出来一个女生，大眼睛高鼻子小嘴巴，还该死的有一张秀气的脸，不用介绍我也猜到了，周璐果然是个美人。

晚上徐嘉柯说请吃饭，周璐也去，我借口说有事去不了，被张国栋无情地打断了，"李卓珍，你有什么事非得今晚处理啊，我们三个老同学好不容易聚在了一起，你不要这么不给面子行吗？"

我眼看逃避无效，于是只能补了句："我带个人行吗？"

徐嘉柯好奇地看着我，"没问题，带谁？"

"路小白。"原谅我这种场合能想到的只有路小白这一根救命稻草。

辣阿婆火锅店，我们这里的特色火锅，专门针对学生群体的，实惠好吃，我们一群人浩浩荡荡地坐在包厢里，我才发现周璐不在，徐嘉柯说她临时有事来不了。

吃饭间隙，我收到了徐嘉柯的短信，他说，做我女朋友吧。

我看着正在吃着撒尿牛丸的路小白，突然在一瞬间明白，徐嘉柯根本不喜欢我，我不知道他为什么给我发这样的短信，但我最终还是回了句：嗯，好。

5

周璐马上准备出国留学，这是徐嘉柯当晚喝醉后告诉我的，他借着酒劲儿向我一股脑儿地吐诉，她走了我怎么办呢，不是说好毕业了一起出国吗？她就这么急着出去，她以为我非她不可吗？才不是，李卓珍就比她好，哪里都比她好。

可是，我不喜欢李卓珍该怎么办？

那晚，我是哭着把徐嘉柯拖回男生寝室的，交给了他的室友，然后我一个人晃荡在无人的操场，我怪自己为什么要复读，如果不是错过了那一年的时光，他一定不会遇到周璐就马上动心的。

我哭得有点儿喘不过来气的时候，黑暗里走过来了一个人，当时的我并不害怕，等那人开口，我才知道是路小白。

路小白陪着我蹲在地上，忍受着蚊子的摧残，安慰我，"李学姐，你哭什么啊？你的情敌马上就走了，你还有无数的时间陪着他，还怕他不回心转意啊？"

夜色里，我破涕为笑，路小白说的对，我还有那么漫长的时间呢。周璐就这么走了，她缺席徐嘉柯的时光也补不回来。

那时的我，太过自信，以为就这么一直坚持着，徐嘉柯早晚有一天会喜欢上我的，会忘记那个叫周璐的女生的。

　　直到高中毕业，徐嘉柯仿佛已经忘记了和我考同一所大学的约定，他没有填报高考志愿，并且不声不响地躲了起来，任我怎么找都找不到。

　　我从徐叔叔的口中得知，徐嘉柯打算去法国留学，手续都办好了，徐嘉柯自始至终都没有再见我，甚至没有给我个解释。

　　在我最绝望无助的时光里，是路小白陪我走过来的，我们一起考了大学，一起去摘杨梅，一起做着辛苦的兼职赚着微薄的路费。

　　大一结束后，我终于攒到了去一趟法国的路费，我还在这一年里努力地学习法语，我英语本来就不好，法语学得更是艰难。

　　我怀着忐忑不安的心情来到了法国，见到了心心念念的徐嘉柯，以及已经和他并肩而立的周璐。

　　喜欢果然不是靠坚持就可以的，如果一开始就没有动过心，那么以后也不会动心。

　　周璐是个什么样的女生我不知道，我只知道她翘掉了下午的课陪了我一整个下午，她看着我沉默不语，看着我时而冷笑，时而哭泣，看着我在那个阳光明媚的下午告别了我的匆匆那年，最后我站了起来，脸上还挂着泪痕，我说："周璐，徐嘉柯以后就是你的了。"

　　说完我就出了这片华人小区，准备拦出租车的时候，看见不远处梧桐树下站着一个熟悉的背影。我顿时愣住，唯一猜到的就是路小白也跟了过来，他恰好扭头看见我，两人相视一笑。我们并肩行走在美丽的法国梧桐树下，望着楼与楼之间即将西沉的落日，周围的云团仿佛镀着一层灿烂的金边，也给我的内心镀上了光晕。

我弄丢了谁家的王子

米图塔塔

1

我知道自己很讨厌，并且我不在乎自己可以更讨厌一点儿。

让一个人喜欢你很难，但讨厌你却是再简单不过的事情。

如果你去学校打听我，要是有人夸奖我，那个人一定是孙星亮。

要是有人沉默不语，急急忙忙地走开，那他们一定是曾经被我威胁过、教训过，或者正在、即将被我威胁着、教训着的同学们。

要是得到的是一片嘘声："成善善啊，真是个很糟糕的女生，大家都很讨厌她……"诸如此类巴拉巴拉，那些一定是不明真相又喜欢以讹传讹的广大群众。

如果你去问单成熙，他一定会皱着眉头，嫌恶地说一句："我不认识她。"不过，你肯定不会因为他的没礼貌而生气，因为单成熙真的好帅，皱着眉头也好帅，所以即使每次他都那样地看着我，我还是会在心里感叹："他怎么就这么帅。"

2

我第一次见到单成熙时只有七岁，地点是在成家那张华丽的红木餐桌上，那上面的桌布永远是洁白如新镶着繁复的花边，美丽的让我局促不安。我穿着成家买给我的高档连衣裙，那布料实在太柔软，让穿惯了粗布衣服的我总有一种在裸奔的错觉，我僵硬地坐在椅子上，像一个机器人，我真害怕自己一转头，脖子就会咯吱咯吱地响起来。

过了一会儿，门厅传来了声音，我抬眼望去，成亦萱扯着单成熙的手走了进来，我看到单成熙的第一眼，简直惊为天人。

于小花偷看完她姐姐的言情小说后，告诉我她要找到她的白马王子，我问她王子长什么样啊，于小花沉思了一会儿说，王子跟咱村主任儿子一个样。

此时此刻，我真想冲她喊："于小花，你这个大土鳖，单成熙这样的才叫王子啊！"可惜这个王子已经和成亦萱这个妖婆结下了娃娃亲。唉，简直暴殄天物。

单成熙看着我皱着眉头问成亦萱："她是谁啊？"

成亦萱看也没看我，不屑地说："乡下来的穷亲戚。"

我低下头，忘了，其实自己也是个土鳖来着。

大人们也都到齐了，我看着他们笑着寒暄，搞不明白，这些人怎么笑出这么夸张的弧度。

成铭指着我跟大家介绍："这孩子叫成善善，我们家的远方亲戚，没有父母，以后会寄住在我们家，在学校小熙萱萱要多照顾照顾她。"

虚伪！我在心里暗骂。

单成熙的爸爸拍着成铭说："老成就是心善，不过这要是都来找你，你可是管不过来了啊。"

成亦萱的妈妈，脸尖得像葫芦娃里的蛇妖一样的女人，呵呵笑着说："可不是嘛，只要老家有事求他，他没有不答应的，多为难都不吭一声。"

简直虚伪的要死！这饭还没吃我已经开始反胃了。

吃饭的时候，我故意狼吞虎咽，把碗筷使劲儿碰得噼啪响，我站起来抢别人身边的菜，喝汤发出呼噜噜的声音，成铭的脸色越来越难看，蛇妖在旁边赔着笑，大家都被我搅得很尴尬，吃完饭我把碗摔在桌子上，打了一个悠然的饱嗝，然后跳下椅子头也不回地走出了客厅。

我听见蛇妖在后面解释道："刚从乡下来的，没规矩，大家别介意。"

我真的很庆幸自己这么没规矩，因为从那之后，成铭再也不许我出现在成家这张华丽的餐桌上，我可以在我的房间里愉悦地把饭吃完。

走出成家几步远，我的胃里就开始翻江倒海，可能是我吃得太多，也可能它实在是消化不了这么高级的食物，我忍不住，扶着路灯吐了起来。

"不想吃干吗还吃这么多。"

我回过头，就看见单成熙皱着眉站在我身后，我转过身，拉起裙子擦了擦嘴说："要你管。"

单成熙一下子红了脸，说："你这个，这个女孩子怎么这样？"

我有些不知所措，强作镇定，豪迈地走开了。

在城里待了一阵，我才知道单成熙为什么会脸红，因为女孩子是不可以在男生面前把自己的裙子掀起来的。而我，在乡下待的七年里，和小伙伴们一起爬山下水，完全磨灭了我的性别概念，而且在这之前，我从来没有穿过裙子，除了外婆的围裙。

3

去成家之前，我无数次想象着自己的父母是什么样子，我一直以为他们就像于小花的爸妈一样，是老实巴交的农民，在城市里打工赚钱，好接我回家。所以当我见到我那光鲜亮丽的妈时，我是愤怒的，当我见到财大气粗的亲爹时，更是愤怒地说不出话来。我终于知道了我被抛弃的原因，我只是他们年轻时的一个错误，并且处在一个谁也不待见的尴尬境地。

我七岁那年，我妈突然出现在我面前，她穿着我从没见过的衣服，皱着眉头，嫌弃着乡下的一切，包括我。我妈用手指尖捏着我的衣服说："成善善，你得上学了，我没有钱养你，你亲爸很有钱，你就去他家吧。"我还没来得及和外婆、小伙伴们告别，就被我妈抓上了车，送到了成铭家。

成铭早已经又有了老婆孩子，他看着我半天没说话，这种对峙很无聊，在我想要离开时，他说："以后叫我叔叔吧，我会说你是我的远房亲戚。"于是，我被留在成家，但我依然没有爸妈。

成家的房子很大很大，我住在角落的房间里，偶尔会碰见成家人，还有来串门的单成熙。

单成熙知道我很多恶行，比如往成亦萱身上扔毛虫，看见过我因为打架鼻青脸肿的脸，每次他都会皱着眉头，一脸嫌弃的样子。

其实我这个人，永远有一种侥幸心理，比如，成铭不认我是迫于无奈，他毕竟是我的父亲。比如，单成熙没有那么讨厌我。

我总是那样的想，却总是失望。

4

我有一条只有三条腿的狗，叫死不了。

那天我路过市中心的公园，看见一群人在耍弄一只三条腿的狗，那只狗在人的追赶下，跑两步，摔一跤，真是惨不忍睹。

本来我可以当作什么都没发生，可我走出去好远，那只狗的身影总是在我的脑海挥之不去，我慢慢又走回那个公园，走近那只狗，把它抱了起来，旁边的人都不解地看着我，我并没有流着眼泪哀叹小狗真可怜，我只是表情麻木地把它扔进了公园中央的喷泉池里。

围观的人群一片哗然，有人喊虐狗，有人说这女孩真变态，却没有人去救那条狗。可怜的狗在池子里挣扎，奈何少了一条腿，使不上力气，在水里浮浮沉沉，马上就要支持不住的样子。

我不明白，我本来以为可以帮助它彻底解脱，可就算肢体破败，无家可归，甚至被人戏弄，它还是决定要勇敢地活下去吗？

我跳下水池，把奄奄一息的死不了捞了出来，我说："以后你就叫死不了。"死不了吐了一口水，然后狠狠在我手腕上咬了一口。

这狗，真记仇啊。

看热闹的人们又开始断定我的精神不正常，纷纷避让。五月的春风吹在身上还是有些凉，我不禁打了个喷嚏。

这时，竟然有人在我身上披了一件衣裳，我转身一看，竟然是单成熙，他把死不了放进书包，拉起我的手说："我领你去打狂犬疫苗。"

一路无言，我很沮丧自己这么狼狈的时候遇到了单成熙，单成熙的外套有好闻的洗衣粉味道，让人莫名地心安，我猜了很久也没确定到底是汰渍还是碧浪，看着忙着挂号找大夫的单成熙，心想要是能做单成熙的女朋友那该是多么幸福的事情。

单成熙看着我呆呆傻傻的样子说："你怎么了？你该不会是害怕打针吧？"

我指着头说："没事，可能刚才脑子进水了。"然后大义凛然地走进了医务室。其实，我很讨厌医院，苍白的墙壁、刺鼻的消毒水、面无表情的大夫，但因为单成熙，我第一次感觉医院真是个适合谈恋爱的好地方，也难怪韩剧的女主角都喜欢生病。

分手的时候我问单成熙："这衣服能给我吗？"

"如果我说不能呢？"

"没听见。"我抱着死不了转身离开的时候听见单成熙说："我真搞不明白你的脑袋里在想什么。"其实我只是在想，以后再去医院的时候，我就可以穿着这件衣服，然后就像你陪在我身边一样。

后来，我去商场买了各种各样的洗衣粉来洗衣服，却从来都洗不出单成熙身上的味道。

5

我除了有一条叫死不了的狗，还有一个叫孙星亮的小弟。

孙星亮这个小弟，绝对是我的一个人生败笔，所以人还是少管闲事的好。

那天我回家的路上，正好看见了孙星亮被两个小混混儿逼在墙角索要保护费，正逢我心情大好，不待见那些恃强凌弱的破事，虽然平时我也没少干，但孙星亮哆哆嗦嗦的样子激发了我早已泯灭的正义感。

那两个小混混儿我看着面熟，应该能卖个面子，我走过去咳了两声说："那个，这是我朋友，你们两个以后别找他麻烦了。"

那两个小混混儿看见我嬉皮笑脸地说："呦，善善姐啊，不好意思，这是你的朋友，那以后就是我们的朋友了。"说完抱住孙星亮的肩膀，使劲儿拍了拍，孙星亮的表情难看至极。

那两个小混混走了之后，我怀着做好事不留名的高尚情操准备功成身退，孙星亮却像一条尾巴，亦步亦趋地跟在我的后面，我慢他慢，我跑他跑。

我气急败坏地回过身，问他："你想干什么啊？"

孙星亮扭扭捏捏地说："成善善，我能跟你混吗？"孙星亮把我好不容易燃起的正义感迅速浇灭了，我真想把刚才那两个小混混儿找回来，把他扔回那个万恶的墙角，让孙星亮自生自灭。

"不能！"我一口回绝，然后继续恐吓孙星亮："你要是再跟着我，我就把你那两个'朋友'喊过来。"

孙星亮听完一溜烟儿就跑得不见了。

回到家里，成亦萱竟然在我的房间，用手抚弄着死不了。仿佛是自言自语般慢悠悠地说："不是自己的东西，就不要随便觊觎。"说完手一松，死不了就摔到了地上，死不了一声没吭，一瘸一拐走到了我身边。

"别以为养条残疾狗就能招来同情。"说完成亦萱离开了我的房间。

三条腿的死不了坐在地上静静舔舐着自己的断腿，好像什么都没有发生，我拍拍它的脑袋说："儿子，好样的，明天妈肯定找人往她书里放只大毛毛虫。"死不了抬起头，用亮晶晶的眼睛看着我。

我当然知道一向沉得住气的成亦萱为了什么发飙，因为单成熙咋天来给死不了送了好多狗粮，虽然他说这是快要过期的，但我还是开心了好久。成亦萱从小就认为单成熙是她的，我多看一眼都恨不得掐死我。

而且，还有一年的保质期就算要过期了吗？有钱人的世界真是无法理解。

6

我以为孙星亮会放弃跟我混的打算，但孙星亮却抓住一切机会跟在我身边，抢着帮我拎包买饭，并且卖力地在同学中为我歌功颂德，在他的嘴里我一下子变成了一个有情有义的——女流氓。

当我在操场堵住孙星亮，质问他有完没完的时候，我很震惊孙星亮没有吓得一溜烟地跑走。

孙星亮只是低着头，不说话，圆圆的眼镜快要掉到鼻子下面，说不出的滑稽。我一下子想起了哈利波特，不禁想出个好玩儿的馊主意。

我说："孙星亮，你要跟我混也行，不过跟我混得有个仪式，过了这个仪式，你就是我小弟了。"

孙星亮抬头问："什么仪式？"

我顿了顿继续说："上间操的时候，你要骑着扫把，从二楼围栏上跳下来，对了，跳之前还要喊一句'我是哈利·波特'。"

孙星亮的脸上没有表情，只是问："这样做就可以了吗？"我郑重其事地点了点头。

孙星亮小声地说："那我知道了。"说完转身走了。

我在后面高喊："加油啊！小弟！"我笑了一半就笑不出来了，因为我看到了路过的单成熙和成亦萱，成亦萱看了我一眼，就不屑地别过脸，单成熙却是直直地看着我，像要把我看出个洞。我一阵心慌，连忙走开，我和单成熙擦肩而过，却连转头看他一眼的勇气都没有。

很快我就把这件事抛诸脑后，再说，怎么会有傻子真的骑着扫把当众跳下来。

不过事实证明，我实在是高估了孙星亮的智商。

一个星期后的间操，我正站在主席台准备做全校检讨，我刚说了声"大家好"，孙星亮就高喊着"我是哈利·波特"骑着扫把从二楼一跃而下，把我的风头抢得一点儿不剩。

全校寂静了。

不知道是谁喊了声死人啦！老师们才回过神来，一窝蜂地跑了过去。我站在高高的主席台上，看着人群慢慢都聚集到孙星亮身边，说实话，我并不觉得内疚，他自己愿意跳跟我有什么关系，我又没有用枪指着他。

我感觉到有人在下面看着我，我转过头，就看见了单成熙，他的表情很严肃，更像是一种谴责，我知道他想说你就是凶手，一阵无法抑制的心虚袭来。虽然早已接受自己就是这么讨厌的事实，但还是希望在单成熙心里我可以稍微不那么的讨厌。成亦萱走到单成熙旁边，说了些什么，两个人就一起回了教室。我被老师落在主席台上，发了两节课的呆。

孙星亮当然没有死，只是摔断了腿。老师问孙星亮为什么要跳楼？

孙星亮说："因为我怀疑我是哈利·波特。"

"为什么你是哈利·波特？"

"因为我会飞。"

"那你怎么掉下来了？"

"因为我不是哈利·波特。"

"……"

老师问来问去问不出缘由，只好说可能是学习压力太大导致的行为失常，为了缓解学习压力，我们每星期又多加了两节活动课，孙星亮也算变相造福人类了。

我觉得就冲这个，我也应该去看看他。

7

平时，我会偷偷地去给孙星亮送些好吃的，还抢了班级学霸的笔记送给他。

这天，我去医院看完孙星亮，回家发现，单成熙家的车停在门口，应该又是两家聚餐的日子。我不想回家，就又去了附近的公园，那里有一大片草坪，我没地方去的时候除了去单成熙家附近踩踩点儿，再就是这里了。

我很喜欢躺在草坪上，让我回想起在外婆家的日子，跟现在比真算得上无忧无虑了，我走后一年不到，外婆就去世了，我没有见到她最后一面。一想到这些我就会流泪，我把帽子盖在脸上，不让人发现。

我突然感觉到有人来到了我的身边，我用余光偷偷地从帽子缝隙里看，吓得我差点儿跳起来，单成熙竟然在我身边躺了下来，然后问我："同学，这没人吧。"

我没有理他，因为不知道说什么，我想起身离开，单成熙却拉住了我的手，一瞬间，我心跳如雷，好像有一千个、一万个人在我心上跳踢踏舞。我偷偷看向单成熙，他却闭着眼睛，没有表情，好像什么都没有发生。我和单成熙就这样并肩躺着，他拉着我的手，好像只过了一瞬间，又好像过了好多年。

回去的时候，单成熙拉着我，他走得很慢，成亦萱站在路口旁，在看见我们的瞬间，面如死灰。

她对单成熙说："你欠我一个解释。"

9

我决定回老家。

我打包了行李，拔干净了死不了坟上才长出的杂草，最后我决定去和单成熙说个再见。

去他家的路我很熟，因为有时我会在放学的路上偷偷跟在单成熙的后面，我打了电话告诉他我在他家门口。

单成熙很快就出来了，看见我大包小包的样子问我："你这是去哪儿？"

"不告诉你。"

"那你等我一下。"说完单成熙连忙跑回家。边跑边回头喊："你千万别走啊，在那等我。"

我有些害怕，单成熙不会是回去打电话通风报信了吧，我正犹豫着要不要走，单成熙就又跑了出来，身上多了个双肩包。

"你干吗啊？"我问。

"和你一起走。"单成熙笑着说。

听完这话，我愣住了，然后一下忍不住哭了出来。

"呜呜呜，死不了死了。"我哭着说。

"我知道。"单成熙回答。

"成铭，是我爸爸。"

"我知道。"

"你要和我一起走，你疯了啊？"

"我知道。"单成熙把我拥进怀中，我感觉是如此的温暖，我不想去思考什么是对，什么是错，只想在下一秒，拉着单成熙的手一起去流浪。

10

　　我靠着窗，看着火车外的风景，感觉去哪里都不重要。

　　虽然不想记得，可是死不了浑身是血躺在地上，成亦萱冷笑扭曲的脸，总是在我脑海里闪现。

　　虽然它叫死不了，可它还是死了，那一瞬间，我抱着它，感到无比绝望。

　　不知道为什么，在那时，我很想见成铭，我的爸爸。我去他的书房找他，他抬头问我有什么事？我说："爸爸，我的狗死掉了。"

　　成铭愣了一下说："我是你的叔叔。"

　　在那一瞬间我觉得我应该离开这里，一直以来，成家都认为衣食无忧就是对我天大的恩赐，可我是有血有肉的人，我有渴望爱的灵魂，也需要一个家的温暖。

　　但我没想过，要拐走单成熙。

　　我和单成熙一起去云南大理，开一家很有爱的小旅店，有许多客人慕名而来，来听我们的故事，然后告诉更多的人。他们都说男主人很帅，女主人很爱笑。

　　我多么希望这就是我们的结局。

11

如果王子和灰姑娘在一起后，就必须成为平民，曾执握宝剑的双手要去用来扛沙包，灰姑娘还会忍心吗？

我做不到。

我自己回了老家，给外婆上了坟，还找到了于小花，于小花初中没念完就进城打工了，手里攒了点儿钱，我把这些年存的零花钱拿出来，一起盘了家奶茶店。

我不敢打听有关单成熙的一切，害怕什么我也说不清，怕他过得不好，又害怕他过得很好。

于小花总喜欢给我介绍男朋友，我却一个都不想看，她问我为什么。

我说因为我见过真正的王子，就再也看不上尔等平民了。

然后于小花就会翻我个大白眼。

曾经有一个王子，为我披荆斩棘而来，可我却没有勇气握紧他的手，可是如果再给我一次机会，我知道，我依然会如此选择。

再见，少年

叶佳琪

我从未想过收到你的信息。

那时我在微博上宣传自己刚刚成立只发了一篇文章的公众号，就收到了你的私信，那是一篇以自己多年坚持不懈的写作生涯为素材的心灵鸡汤。

"我为当年那些诋毁向你道歉，挺佩服你，坚持你的梦想这么久，希望你继续加油。"

短短几行字，隔了这么多年，终于为我不算完美的少年时的喜欢画了一个完美的句号。

我拿着手机发了会儿呆，脑海里却涌现出很多年前的画面。

你有过这样的经历吗？

在某段时光某个地点，爱上了一个离你遥远却一直住在你心里的少年，你不怕别人爱他，因为你坚信可以用自己的爱把她们打败，可是你最怕的是他不爱你。

他是你心口上的那颗朱砂，无论经过多少岁月的洗礼，也无法陨灭。

因为，那是你的信仰，是你年少轻狂的青春，与荣耀和岁月无关。

1

我始终不愿意承认是从看到你的第一眼起我就喜欢上你的。

2011年的夏末我升入高一，在父母的逼迫下最终无奈选择了这所封闭式寄宿学校。军训报名那天，身旁的女生突然拉着我兴奋地说："看……那个男生，第一组倒数第二排那个，初中时就是我们班的班草，想不到高中还能和他一个班，哈哈……"

顺着她的目光，我看到了你。虽然嘴上不屑地揶揄着，这样也算班草啊？

但是那一时刻，我的脑海中猝不及防地蹦出一个成语，气宇轩昂。周皓然，原谅我词穷，我只能干巴巴地用这四个字来形容你带给我的震撼。

军训第二天，我才知道原来你还会唱歌，班上许多同学都起哄着"周皓然，来一个，周皓然，来一个……"你也毫不扭捏做作，索性拿起教官手中的喇叭唱起歌来。

时至今日我还记得你唱的第一首歌是王力宏的《心跳》，真是奇怪，明明没有华丽完美的伴奏，没有高音质的麦克风，我却还是固执地觉得你唱得比原唱还要好。

我盯着全神贯注低吟浅唱的你，你就像是一片海，一下子就湛蓝了我的天空。

2

你似乎是个很骄傲并且有些孤僻的人，看上去总是一副拒人于千里之外的样子，每天除了低头学习，只和身旁几位老同学说说话。我们班是典型的阳盛阴衰，而为数不多的女生中可以入眼的更是少之甚少，于是稍有几分姿色的我便备受青睐，但是你的目光几乎从未停留在我身上，这真让我惆怅。

直到某个早晨，坐在我后面的男生酸溜溜地对我说："叶佳琪，月假回去换个梨花头吧。"

我不解地看着他。

"哎，你别多想，其实这话是周皓然说的吗，这小子一大早就在寝室里说，叶佳琪要是换梨花头一定更好看。"

"切，他说的就一定对吗？"

明明心里乐得开成了一朵粉色的花，可是我偏偏嘴上做出不屑的样子，我的背脊挺得那么直，眼神那么倔强，谁都没有看出我心里满得快要溢出来的欣喜。

晨间休息的时候我去补交历史作业，课代表嫌麻烦偏要让我自己送到老师办公室里去。可是这栋教学楼里有那么多办公室，我怎么知道哪一间是呢？

我只好像个迷了路的小鹿一样在楼梯过道上踌躇，徘徊。一会儿向左张望着，一会儿又向右探出脑袋。

你笑着走上来说："历史老师的办公室在那儿。"

顺着你指的方向，我终于找到了地方。突然想到了什么，我脱口而出："你怎么知道我在找历史老师办公室呀？"

你愣了一下，随后笑着指了指我手里的那本历史练习册，"它告诉我的。"

如果说之前只是对你的些许好感而已，但是自你温柔地对我微笑的那一刻起，我的心里有个声音坚定了下来——我一定要和你在一起。

3

你第二次对我露出那样的笑容的时候是在月考之后，那天傍晚几乎所有的同学都在考完之后赶回寝室洗澡，刚上完厕所的我也急匆匆地往教室里冲。

"咚"一声，似乎撞到了什么不明物，我恼怒地抬起头便愣住——

迎来的是你同样错愕的表情和深邃却露出吃惊的神色

的瞳孔。啊，原来我是撞进你宽厚的胸怀里去了。霎时间脑子里一片空白，几秒钟后待我反应过来你一溜烟地跑开了，留下我在原地面红耳赤。

"对不起啊！"我羞涩地回过头，正巧看到你嘴角不自觉上扬起的笑容。你笑得真是灿烂，以至于我得寸进尺地思忖着，你对我的感觉，应该是一样的吧。

好像有一个粉色的泡泡在我心中炸开，然后变成一朵鲜艳的花儿，多么愉快啊，在以后的日子里，我的心中每天都开出一朵爱你的花来，用对你的迷恋和思念浇灌而成。

4

夏天的榕树下，十五岁情窦初开的我，小心翼翼地将那张写着"我喜欢你"的纸条递给你，空气里有蝉鸣，有夏天的风，有十几岁不知道如何表达爱意的紧张。

"我可以回去好好想想，月假再给你答复吗？"你问，年轻的脸庞下掩藏不住满满的笑意。

我傻傻地对你点头，内心却隐隐有种自信——我一直笃定地认为，只要我勇敢地向你迈出那一步，我们就会走到一起去，形成一个契合的圆。

然而当我看到你发来的消息时，我的身体一瞬间变得僵硬。

"我们做好朋友吧。"

我的眼泪"滴答"一声掉在了键盘上，十五岁的心，第一次发出短暂而清脆的声响。

5

后来我才知道你拒绝我的真实原因——你从前喜欢过的女孩子回来找你和好了，两者权衡一下，新进入你的世界的我自然成为被淘汰的那一个。

从那之后，我在你面前总是佯装成对你一点儿兴趣也没有的样子，好像从前的喜欢只是一个简单的玩笑。

我知道自己有多不可理喻，但是毕竟你是有生以来第一个让我动心却又拒绝了我的人，以前一直习惯了拒绝别人的我面对这样的角色转换，不得不用这样的方式来掩饰在你面前早已溃不成军的自尊。

我要等到你自己情愿。

回到寝室里姐妹们问我情况如何，我摇头。她们随即夸张地叫了起来，怎么可能啊，之前那样明明是喜欢你的啊，怎么会拒绝你呢……

我一言不发，拿起床头那本《张爱玲全集》，这个聪明得不可一世的女子曾经那样痴狂地爱着胡兰成，即使那是一个收集女人如同集邮一样的男子。我常常为她感到愤懑，替她不值，可是我忽然明白了，为什么她会说，爱就是不问值得不值得。

张爱玲说，见了他，她变得很低很低低到尘埃里，但她心里是欢喜的，从尘埃里开出花来。

在你面前我是那样卑微渺小，可是即使如此，我的心却也欢喜得开出一朵绚烂到极致的花来。期待着某一日，你会低下头，询问它的芬芳与长久。

6

有时候回忆起自己做的那些事情，真的是很卑微。

我特地在桌子上放了一个小镜子，在上课的时候悄悄地把它放在桌子上，像个小偷一样偷窥你，看着镜子里你的一颦一笑，我的心也在随之跌宕起伏。我专门买了一个记事本，平日里最爱干的一件事情就是在上面写无数遍你的名字。我每天都要躲在被窝里给你发信息，说些不痛不痒无关风月的碎碎念，可你从来没有回过我，很久以后我才发现那个号码已经停机很久很久了。

知道你和我一样都喜欢川久保玲，于是我精心挑选了一件川久保玲衬衣，在你生日的前一晚，我蹑手蹑脚地塞进你的抽屉里。那件衬衣真的很好看，我简直能想象出你看到它时脸上会有怎样惊喜的笑容。在我心里，只要能博君一笑，什么都值了。

果不其然，第二天课间休息时你叫住了我，我看着你朝我走来，只觉得心里的小鹿如同千军万马挤独木桥一样慌乱。

你轻描淡写地说，谢谢了。可是，我从来都没有看见过你穿上它，反而每天都穿着另一件T恤，他们说那是你女朋友买的。你不知道我是怎样省下零花钱给你买衣服，又是怀揣着怎样的期待送你礼物。

你看你真的是被我宠坏了。

即使如此，我依旧死性不改。平安夜班里组织晚会，擅长唱歌的你自然成了主角。知道你喜欢吃甜品，我偷偷打扮成外校学生然后骗门卫蒙混过关，虽然被抓包就开除的风险很大，可为了给你惊喜，想到不久前我无意抬头却正好撞向你看着我的目光，被发现之后你立即低下头，我就一点儿也不畏惧。

穿过好几条街终于找到了你爱吃的那种慕斯蛋糕，我小心翼翼地捧着它，在拥挤的公交车上窃喜，这要是搁古代我也是千金买一笑的主儿啊。

晚会快要开始时我才终于鼓起勇气把它放在你的手里，你的嘴角又露出那熟悉的笑容，真是灿烂啊，好像所有的阳光都照耀在我面前。

收到你亲手送的蛇果时我简直都要落泪了，你的那句"圣诞快乐"在我脑海里反复盘旋。他们都说蛇果不能随便送给别人，因为它的意义在于最真挚的爱，只能送给最爱的人。

那么周皓然，我是你最爱的人吗？

我低下头轻轻拭去眼角不知不觉流出来的泪水，抬头看到大屏幕上放着周杰伦年少时青涩的面孔，那是周董众多歌曲中传唱度并不算高的歌。你拿着另一个话筒问我会不会唱这首歌，我接过它把手放在你的手心里，看着你拿着话筒对着我深情吟唱的样子，只觉得一生的幸福都在此刻。

"转身离开，分手说不出来，海鸟和鱼相爱，只是一场意外。"

我们开始了第一次面对面的畅谈，为了缓解尴尬的气氛，你笑道："想不到你会唱这首歌啊。"

"嗯，梁心颐的声音很干净，里面的歌词也很好，海鸟和鱼相爱，只是一场意外。"

可是你却认真地摇摇头，"海鸟和鱼都有各自不同的世界，这样的相爱太无奈，终究要失败。"

我望着若有所思的你，笑而不语。其实我很想问你在那一刻是不是动心了，可是最终我还是忍住什么都没问。

冬天的夜晚，偶尔会有几颗星星，而那一晚，你的双眸，灿若星辰。

周皓然，你知不知道那个平安夜你给了我多么美好的幻觉，只是到了日光照耀之时，我才恍然大悟，一切只是南柯一梦。

7

我知道你的女朋友，可却始终没料到她在你心中会那么重要。

关于我们的流言蜚语越来越多，也渐渐传入了她的耳中，大概是由于我产生了矛盾，你怒气冲冲地给我发了一连串信息撇清关系。

是深夜刷完了数学卷子后打开手机的，看见你的名字我不自觉地上扬嘴角，迫不及待地点开信息。

"我死都不会喜欢你的！"

"她比你好一千倍！"

"别再妄想了！"

……

好丢脸啊。我的第一反应就是想找个地缝儿钻进去。

长久以来积攒的委屈和心酸在那一刻汇聚。

发出黯淡灯光的台灯下，我一边擦去眼泪，一边暗自发誓。

再也不会喜欢你了。

打死都不会了。

如果说之前是空有一腔孤勇，说什么也不愿意放弃你，那么那一刻，我突然就想停下来了，人生中第一场暗恋戛然而止。

8

后来文理分科，我们一个在文科，一个在理科，由于教室不在一个楼层，所以连见面的机会几乎都不曾有过。

从疯狂暗恋中走出来的我，像是拼命想要证明什么，把所有的劲头投身于题海，高一时成绩平平的我竟在分科后如鱼得水，成了像你一样的尖子生。

也曾无意中听到过你的消息——你在数学竞赛中又获得了一等奖，运动会长跑的时候你受伤了，你和女朋友分手了又和好了……

距高考还有一百天的时候，学校里开动员大会，我作为文科班的代表在后台准备自己的发言稿，正在紧张地背演讲词的时候一抬头，看见了身为理科班代表的你走过来。

"我死都不会喜欢你的！"

"她比你好一千倍！"

"别再妄想了！"

……

那些过去的信息再次在耳边响起，然后我几乎是逃跑似的握紧手中的纸笔就往外边走，仓皇地，狼狈地逃跑。

9

2016年的我大三，看见你发来的信息，平静地回复了一条"谢谢"。

我再也不是那个一看见喜欢的男孩子就脸红人怂的胆小鬼了。

　　像你这样的少年，存在于世上的任何一所学校永远不老，你们仿佛生来就带着光芒，轻易就会被人揪出来丢在舞台中央，享受也好厌恶也罢，一举一动都会被像我这样的少女关注幻想，津津乐道。

　　像我这样的少女，同样生活在每所压力巨大一成不变的校园，我们普通得丢进人群就再也找不回来，我们鲜有人追也鲜有轰轰烈烈的爱情，花季和雨季都干净得像一张纸，但是，谁都没有资格禁止我们做梦。而你们，周皓然，而你就是我梦里面最亮眼的装点，让我无论多少年后回想起来，都觉得青春的心动是一件既美好又伤感的事情。

　　我想起《那些年，我们一起追的女孩》里，沈佳宜在平行时空里对着电话笑着说："谢谢你喜欢我。"

　　柯景腾在电话的另一端也笑了，他说："我也喜欢当年喜欢你的我自己。"

　　而今回想起那些年拼命追逐你的岁月，虽有些丢脸，但亦心存感激——因为喜欢你，所以才有了那个笨拙的、不肯放弃却又不知如何表达爱的少女；又因为喜欢你，所以在被你伤害后才有动力拼命努力，想有朝一日可以变成更好的自己出现在你面前。

　　如今，我做到了，而我，也想认认真真地对你说一声：再见了，少年。

伴你走过时光

镜　像

残　城

1

　　第一次看到他是在学校门口的咖啡店里，他的名字到现在我都不知道。为了叙述方便，不妨叫他咖啡馆少年。

　　那是去年冬天中格外寒冷的一天，下着很大的雨，这在厦门并不很常见。我其实是蛮喜欢雨的，特别是在雨夜里。下雨的时候仿佛时间都变得特别慢，思绪也非常清晰，完全没有"夜雨声烦"的不安。淅沥的雨声总能带给人思考和独处的快感，这是我现在越来越渴求的。

　　但在雨天出门总归不是什么顺心的事情，潮湿的空气以及打湿的衣物简直让人抓狂。看着越来越大的雨，我一点儿也没有想回家吃午饭的欲望。偶然间看到校门口的街头转角有家咖啡店，隔着雨幕发出暖黄色的灯光，在灰色的天空背景下显得格外温暖。那就去那里吧，看起来不错的样子，我对自己说。

店门口趴着一只黄色的短毛猫，半睁着眼睛看雨，慵懒的样子像在睡午觉。走进店里也只有零星几个客人。服务员懒懒地问我要什么，那神情简直和门口的猫一样。对咖啡没什么好感的我点了一杯果汁就随便找个位置坐了下来。心情略微舒畅了些，咖啡馆里的昏暗灯光仿佛让我有种置身雨夜，时间停滞的错觉。就在这时我看到了那个咖啡馆少年。

注意到他是因为他确实有些与众不同。他坐在角落的藤椅上，几乎不怎么动，专心地看着一本什么书。身上的衣服干净整洁，完全没有受到雨天的影响。他的脸也如同他的穿着，并不出众，但是让人觉得极为干净，给人一种协调的美感，仿佛他就该这样子。他整个人散发出来的安静气质似乎与咖啡馆融为一体。相比起来我简直就是格格不入，滴水的雨伞和打湿的头发让我看起来狼狈极了，我这样想着，尽管谁也没有抬头看我一下。

果汁上来的时候已经过去快半小时了，天上的雨也下得倦了，街上只剩下雨雾。咖啡馆少年仍然在看着那本书，姿势几乎没有变过。我趁着去卫生间的机会偷偷看了书名一眼，是村上春树的《挪威的森林》。老实说我并没有读过。

　　我匆匆地喝完果汁，走出咖啡馆。回头看一眼，一切都仍然是我来时的模样，除了那只猫，它已经把眼睛闭上，后背在有规律地起伏着。真是一个特别的人，真是一家特别的咖啡店，我对自己说。

　　渐渐地我开始习惯去那家咖啡店消磨午后的时光，习惯看着咖啡馆少年专心读书的样子等果汁。谁也没有注意到我这个新的存在，懒洋洋的服务员也好，咖啡馆少年也好。倒是门口那只猫，一开始看我接近时会警戒地抬起头，但现在已经习惯了我的到来，只管自顾自地晒太阳。

　　我和咖啡馆少年有且仅有的一次谈话也是在雨天。那天咖啡馆的客人出奇的多，座位几乎被占满了。咖啡馆少年来的时候只有零星几个空位，他看了一圈仿佛都不太满意，脸上终于有了一丝表情。最终他走到我的桌前，礼貌性地询问可不可以坐在对面，我点点头表示允许。他倒也不拘束，坐下后继续看那本《挪威的森林》，一如往常。

　　心里膨胀的好奇让我首先打破了沉默，尽管我知道那会打扰到眼前的咖啡馆少年，就像叫醒一个熟睡的小孩一样于心不忍。

　　"这是什么书？你已经看了有一段时间了。"

　　"《挪威的森林》，村上春树的作品。"他抬起头看了我一眼说道，"这是第三遍了。"

　　"是吗。什么东西这么好看？"

　　"讲不好，我不太会表达。简单来说应该是主人公让我有种代入感吧。"

"老实说我没有看过，不太清楚你的感觉。"

他不再说些什么，只是点了点头。沉默依旧，仿佛对话从没开始过。

我喝完我的果汁，他看完他的书。雨还是一样的大，但是他看起来似乎要走了。

"你知道孤独的感觉吗？"他突然问道。

我一时语塞，脑子里却渐渐浮现出那些独自听雨的夜晚，那些在虚无和寂静中发酵的感觉。但我终究找不到合适的词语，只能无奈地摇摇头。

"这很自然。你不懂孤独就像我了解孤独一样自然。"不等我回复，他便从帆布包里拿出折叠雨伞，逐渐模糊在雨中。

望着他的背影，我顿时有种说不出来的压抑感，仿佛看到了他那个年纪不应该有的沉重。只是在那以后，我再也没有遇到过他。咖啡馆少年的消失就和他的出现一样突然。

2

天气晴好，傍晚的操场在夕阳的照射下暖洋洋的。这种舒服的温湿度在今年冬天可不常有，我对自己说。这时候学校刚刚放学，大部分人都到食堂去了。比起食物，拼命流汗的感觉和空白的大脑更能让我感到愉悦。

几乎每次去操场我都会看到他，那个不停奔跑的少年。他总是穿着夏季的校服，一圈儿又一圈儿地绕着操场跑步，不紧不慢的样子。清秀的五官隐约可见成年男子所具有的硬朗线条。跑步的时候他总是均匀地吸气呼气，摆臂和步伐都做得完美无缺。厚实的肌肉让人联想起田径场入口的雕塑，优雅的线条里流淌着力量和灵巧。看他跑步就好似欣赏一件艺术品，赏心悦目。经常碰面后他会主动向我微笑，而我只是礼貌性地向他点点头，终究挤不出一个笑容。渐渐地我们也就熟络起来，但也仅限于在跑完步后一起坐在石椅上聊天，在校道上偶遇了点点头而已。

今天和以往并没有什么不同，只不过天际翻腾的火烧云更加浓烈，给人凡·高的疯狂感。夕阳的余温和石椅传来的冰凉像颜料般在身体里混合，大脑正在享受着难得的停机状态。待我回过神来，他已经坐在我旁边了。被汗水打湿的校服紧贴在他的背上，勾勒出健康漂亮的弧形。看到我回过神来，他露出一个礼貌性地微笑。我本想回他一个微笑，奈何仍是学不会这个面部表情，挣扎了一下只得作罢。

"嘿，想什么呢？"每次总是他先开口，这次也不例外。

"什么都没想，坐着发呆。"我如实回答。

"发呆在现在也算一种享受了吧，高中生活都那么忙。发呆和跑步一样，都变成一种难得的享受了。"

我点了点头，不再说些什么。

"你从小就开始跑步吗？"又是他先开口。

"倒不是，是来到这个学校后才养成的习惯，或者说是在上高中后才养成的习惯，我不知道。"

"其实我觉得吧，时间和地点倒不是最根本的原因，真正的原因要么是因为热爱，要么是因为压抑。每次遇到你都是自己一个人，我想你应该是属于后者吧。"

我有些惊讶地看了他一眼，那双充满笑意的眼睛不经意间透露出一股洞察的寒意，但随即又融化在温暖中。不知什么时候我变得很敏感，别人的一个眼神一句话我都尝试捕捉隐藏的信息，即使有时对方自己都没有意识到。越来越多的孤独和内心探索将我和其他人分开，也许跑步的习惯就是在那时候养成的。

"我也是由于后者才喜欢上跑步的。"他轻轻地说道，"我大概能明白你在想什么，因为我很早之前就经历过你现在所处的时期，那个将自己孤立起来的时期。我也曾和你一样，在操场上一圈圈地奔跑，直到体力透支。因为只有这样我才能暂时让大脑放空。现在我已经走出了那个时期，但跑步的习惯却还跟着我。"

我与他四目对视，这一次我没有逃开，那一刻两个灵魂之间仿佛发生了共振，又或是我在他的眸子里看到了久违的自己。

那一天下午，我们两个都很反常地说了好多好多话，我才发现我们的心路历程是如此的相近。

我也明白了他为何有着一股早熟的气息，因为他的思想已经比他的同龄人成熟许多。临走前他以哲人的口吻对我说："在我看来，探寻孤独并不是一件坏事，它总能令人成长。但这并不意味着就要和别人完全分隔开来。等到最后，当你抵达孤独的深处时，你就会发现，所有人类的孤独都像树根一般相连在一起。整个的人类社会表面上是一个整体，但实际上每个灵魂都是一座孤岛。但又正是这种同质化的孤独，将无数的个体在精神领域上又融合成一个新的整体。"

他离开以后，我仍在思考着。

从那之后到高考，我很少再见到他。石椅的另一半没有人分享，火烧云也没有人一起看。我不断地跑步，不断地探寻他所阐述的那种孤独。

高考后，那个不停奔跑的少年去了北方的城市，而我继续留在这所南方的高中里。随着思考的不断深入，我更加理解了他的孤独，我的灵魂仿佛也更加靠近那个不停奔跑的灵魂。

3

绘画少年的模样在我脑海中的印象是如此的淡，如果不是抽屉里躺着他送我的画，我几乎觉得他就是我幻想出来的人物。

我们的第一次见面，也是最后一次见面，是在高二暑假的最后一天，在学校的绘画校本教室里。我依稀记得那是一个下雨的午后。平常我并不去上课，这也是我报绘画校本的原因，因为老师从来不点名。上课除了看几张幻灯片就是让大家自己写作业。由于最后一天需要点名来给学分，我也只好硬着头皮去上一次课。进教室后我在后排找了个不起眼的位置，那个绘画少年就坐在我右手边，独自一人在画着什么，并没有察觉我的到来。

本学期的最后一天，老师索性连幻灯片都没有，直接让大家自习。压抑的气息像黑色潮水般充斥在不大的教室里，我不安地挣扎着，却仍然无济于事。偶然间我瞥见了绘画少年的画纸，虽然只是打了草稿，但依稀可以看出天空和飞鸟的轮廓。我就这样静静地看着他修长的手指在画纸上移动着，不断地修改图样。我有时会暗暗地称赞一番，有时又为他擦掉的线条惋惜。我看得如此投入，心情也跟着他的笔尖起伏着。

似乎是感觉累了，他放下铅笔抬起头来，正好和我的眼神碰到一起。他有些吃惊，而我像偷吃糖果的熊孩子被抓到一样吓了一跳。

他眼里的不解很快便化掉了，若无其事地继续他的草稿。气氛顿时有些尴尬，我只得先开口缓解："在画什么呢？"

"随手画画而已。"他淡淡地回答道。声线像是那淡淡的草稿一样苍白。

平时我总是极力避免和别人讲话，但今天却对这个绘画少年特别感兴趣，也许是由于太无聊的缘故。

"你每次校本都来吗？"

"嗯。不过你好像就今天来过。"他仍是不紧不慢地说着。气氛又一次降到冰点。

"因为这里都没怎么上课啊，这个老师似乎很敷衍。"我很没底气地说。

"确实是这样。"他终于认可了我一次。

"看你每次都来，应该是很喜欢画画吧？"

"是啊，从小就喜欢。"他抬起头，露出一个我到现在都难忘的笑容。干净，清澈，在沉闷的教室里显得熠熠生辉，"以后想考美术学院。"

"这样啊。蛮不错的理想。"我已经黔驴技穷，谈话也就到此。他倒也不在意，继续他的画。我也自顾自地低着头，回想那个笑容，以及它背后的意义。

不知过了多久，下课铃将我拉回现实。教室里只剩下我们两个人，看来是提前下课了。他收拾好笔具，将那张草稿递给我，"送给你吧，虽然还没上色。"

我受宠若惊地接过他的画。他似乎看出我的诧异，笑着说："几乎所有人都把我的理想称为冲动，只有你尊重它。我觉得我们还是有些相似的地方的。这幅画当作见面礼吧。"说完他便消失在楼梯的拐角处。

接下来便是长长的暑假，可开学了我也没有再见到他。后来才听说有一个实验班的男生突然决定休学一年去学习美术。也正如绘画少年所说的，谈到这件事的人脸上挂着的不外乎是鄙视和漠然两种表情。但每次想起那个清澈又坚定的笑容，我心里就会涌起一股钦佩感。每天看到镜中的自己，心里那份对梦想的憧憬和对失败的惧怕就会交织在一起。而那些像我一样，被禁锢在教育体制内的人，却排斥着绘画少年这样的异己，似乎"学美术"在高三就等价于不务正业。但我想，绘画少年总归比他们更加明白自己在追求什么吧。

我不擅长美术，绘画少年送的画也就一直以草稿的形式躺在抽屉里。但每次看到它，我都会想起那个笑容，我想他现在也一定是那副模样。

追梦者的身上永远有我觊觎的光啊。

4

我艰难地从床上爬起来，清晨的阳光已经将卧室照得一片光亮。头还有些隐隐作痛，是失眠的缘故？但心里却轻松了不少，昨天的一团乱麻似乎已经理清。

我坐在写字桌前，迫不及待地拿出一张空白的信纸，开始写道：

时光是尽情摇摆的不倒翁

Dr.Wang：

　　距离我们上一次见面有一个多月了，昨天发病症状再次袭来。和以往一样，莫名的焦躁不安，没法集中精力，脑子里嗡嗡地响，似乎有许多不同的声音在一起发声。

　　尽管我们在这件事上仍有分歧，你一再告诉我这是青少年时正常的心理变化，但是我仍然觉得我有轻微的人格分裂。我昨天晚上尝试了一下你说的治疗方法，我仿佛跳脱出了我的人格，从外部观察他们，效果非常显著……

　　我将写好的信装进帆布包，心情格外轻快。"今天的计划和往常并没有什么不同，一样是中午去咖啡厅喝杯咖啡，下午去操场跑步。不过晚上回来后就给那幅草稿上好色吧。"我对自己说道。

星辰山海远，还有月光常相伴

李寻乐

你有没有在最青葱的岁月里，遇见一个人？

你有没有在最简单的时光里，爱上一个人？

那时候，一件小事对我们来说都是天大的事，更遑论皎洁如月光般的人出现在生命里。他穿着白衬衫黑裤子，普通至极的装扮，笑起来却如同冬日暖阳，又像是夜空中最明亮的星辰。他什么也没做，就简简单单地看着你，却让你觉得春光明媚，微风和煦。

《原来你还在这里》里的程铮，他勇敢清澈，敢爱敢恨，很孩子气，可对待苏韵锦却是那种"你给我一分，我便补足剩下的九十九点九分"的人物。

他从年少到未来，都是那样单纯地爱着苏韵锦。他不缺乏爱慕者，却默默关怀着心中的女子，为了维护苏韵锦的骄傲，他连帮助都变得小心翼翼。苏韵锦继父生意受

伴你走过时光

挫，他施以援手，并且叮嘱父母不许和苏韵锦说。他一步一步软化苏韵锦的骄傲，尽管两人感情受到挫折，他却依旧等待着。一直到韵锦成为女强人，终于有勇气摆脱自卑，可以自在地吩咐程铮包揽家务，可以自在的，在一起。

窗边的柳树随着风飘来絮子，阳光透过玻璃打在脸上，老师在黑板上写写画画，而我侧过头假装擦拭汗水，却发现他正看着自己。

过往岁月其实很简单，在学校学习，和好友玩游戏，一起逛街，一起看喜欢的男孩儿的球赛。就像是每一个人青春里关于校园的样子，也是哲学里说的普遍性，还有特殊性。

高一的一次数学竞赛让我碰见了他，复杂的奥数题他几步便解开了，在老师同学艳羡的目光中淡定微笑。千方百计欠了无数个人情，才打听到他原来是某某班的。我也更是从那一天起开始有了一个小目标，文理科分班的时候一定要和他分到同一个班。他成绩优秀，尤其理科方面，而那偏偏又是我的弱项，于是只能花费一百倍的努力来靠近。

忐忑了好久，分班的时候竟然真就在一个班。靠近了之后才发现，他比想象的更加优秀。学习优异老师喜欢，待人温和人缘很好，我忍不住想，糟糕差劲儿的自己该怎么办？

这一度让我颓废了好久，生出无限的自卑，我就算怎么跑也跟不上他的脚步了。

翠湖的莲花成片开着，雨打在荷叶上泛起光来。终于鼓起勇气和他说话，脸颊不自然的红晕，小心翼翼地打量打量，好像有数不完的夏天微光。

晨跑的校园，凌晨的星夜，随手的诗，年轻的人。一直到很多年以后，我都记得私下递给他的纸条，不安地在假山旁的亭子等着，他拍着我的头，微微笑着不说话。

每个人都会在爱的人面前觉得卑微，觉得怎么跑也跟不上他的脚步，但在你没发现的时候，他却偷偷放慢了脚步等着你，然后并肩。

青春里的那个男孩儿，他优秀，明亮，他似远似近，哪怕结局有好有坏。可是，他唇红齿白你眉目如画的时光里，你们曾真诚地心仪着彼此。

我有所爱隔山海，山海不可平。

可星辰何其广，山海何其远，仍有白月光。

不知来处，不知去处，照着前路晨光熹微。

我怀念你，就像怀念一个老战友

张爱笛生

1

我九岁那年就认识杨恪了。我还记得那天，我在小区的花园里捕鸟，大胖急匆匆地跑来和我说："张滔，不好了，我们的兄弟叛变了！"什么？我带领的张家军横霸整个小区，底下竟然有人敢叛变？

"归顺到谁的麾下了？"我怒问。

"对方是个叫杨恪的小子，很能打，弟兄们都打不过，就归顺了。现在他们在篮球场开会，你要不要过去看一下？"大胖说。

我把捕鸟的工具一扔，撒开腿就往篮球场跑，心想，我倒是要会会那个叫杨恪的小子，看他究竟是何方神圣？

几分钟后，我见到了杨恪。长得挺壮实的一小子，皮肤黝黑，目光炯炯，看起来蛮精神的。此时他正站在篮球场的看台上，对着几个弟兄们训话。我怒视着他，他也打量着我，他哼了一声，"你就是他们的老大张滔？怎么这么白啊，跟个小姑娘似的。"

　　"你说谁跟小姑娘似的？"我从小到大最讨厌别人说我像女孩儿。我长得秀气，皮肤还偏白，可我认为抛开外表，我可是有着铮铮铁骨的真汉子。

　　我决定不再多费口舌，抡开拳头就往杨恪的脸上砸去，他也不示弱，马上一脚还了回来。我深知这是一场王者之间的较量，不敢懈怠，几乎用尽全身解数，一拳一脚，你来我往，可结果还是我输了。按照规矩，我以后得叫他一声大哥，可是我怎么抹得下这个面子？

　　正在我恼羞成怒的时候，大胖给我扔了根不粗不细的树枝，我立马接住，反手就向杨恪甩去。我原本只是想在这场比拼中赢回点儿面子，可是我没想到，树枝像箭一样擦过杨恪的眉，他眼睛旁的皮肤立即渗出鲜血。

　　我虽自称老大很多年，但都是闹着玩而已，何时真正见过血？当下就慌了，"杨恪，你没事吧？"

　　杨恪看了我一眼，也没说什么，捂着伤口就往家跑了。

　　我一个下午都惴惴不安，直到杨恪的父母敲开我家的门，他们怒气冲冲地和我爸说："你家张滔实在太可恶了，把我儿子给毁容了，差点儿就伤到了眼睛，他要是瞎了，我要你们张滔养他一辈子。"

知道事情缘由之后的我爸把我从房间里揪了出来，让我向杨恪爸妈赔礼道歉。那是我生平第一次和人说"对不起"，却没得到他们的原谅，杨恪妈妈一直对我骂骂咧咧，而他爸爸更是扬言要揍我一顿。

最后是脸上缠着纱布的杨恪赶了过来，看到我低头认错的怂样，又看到他爸妈不饶人的架势，大手一挥，"不就是破了相吗？疤痕是英雄的勋章，我一点儿不介意，这事就翻篇儿了！"

2

也许是出于那道伤的愧疚，也许是因为杨恪那一挥手的豪迈，我和杨恪成了好哥们儿。我们带领着一帮小弟，在附近一片小区横冲直撞，称王称霸。

杨恪身上有着痞子的流氓气息，却又兼具行走江湖之人的一股侠气。我们上初中的时候常常翘课出去玩，不敢明目张胆地在街上逛，怕碰到爸妈也怕碰到老师，于是我们喜欢往郊外跑。郊外有一大片田地，一年四季种满了不同的水果，有香蕉有甘蔗有杧果，我和杨恪最喜欢的就是西瓜。我们练就了一身偷瓜的好本事，两人蹲田边分一只大西瓜，直到把肚子吃得圆滚滚才慢悠悠地骑车回学校。

不是没有被抓到过的时候，但是看瓜的老伯见我们也不贪心，每次都只拿一个瓜，他便也不计较。

我记得有一次，我和杨恪照例往西瓜地跑，刚走近就看到几个高年级的男生在地里对着西瓜乱踩，看瓜的老伯气得大骂，但对方人数多，他一时也只能干着急。

杨恪十分生气，"这帮孙子，这么糟蹋东西。"

我拦住他，"算了，我认识他们，大都是初三的，而且他们人数多，我们打不过。"

"那也不能让他们就这样把老伯的瓜给糟蹋了。"杨恪甩开我的手，冲了上去，我觉得我也不能孬，于是也跟了上去。那是我人生中打得最酣畅淋漓的一次架，我们在西瓜地里一次次被打倒，又一次次相扶着站起来，西瓜汁染红我们的白校服，我们相视一笑。

那一刻，我觉得我们就是英雄，比港剧里那些古惑仔还要厉害很多的大英雄。

也许是我们不怕死的架势吓走了那几个学长，老伯为了表示对我们的感激，请我们吃了很多个西瓜。我和杨恪坐在田垄上，晃悠着双腿，杨恪忽然笑着对我说："张滔，要不咱以后当警察吧？"

"当警察有什么好的？我二叔就是警察，天天不着家，钱也没挣着几个。"我说。

"你小子懂什么？"杨恪横我一眼，"我们今天路见不平拔刀相助，身上虽然有伤，可心里舒畅着呢。我觉得吧，一份职业一定要有职业自豪感和幸福感，我觉得当警察就能给我带来自豪和幸福。"

那一天，在杨恪的"怂恿"下，我把我的梦想从售票员改成了警察。

但是想着以后能和杨恪一起当警察，心里还蛮期待的。杨恪那小子穿上警服是什么样子呢？我忍不住想象。

3

没有人能阻止时间的飞快流逝。

我和杨恪上了同一所高中，我一边在运动场上强身健体，一边把头埋在书本里为高考备战，丝毫不敢忘记和杨恪的约定。

杨恪也在课堂念书，也在运动场上强身健体，但他还顺便勾搭了个妹子，谈起了恋爱。

晚自修结束，我去找杨恪一起回家，杨恪怀里搂着一个女孩，炫耀似的和我说："张滔，这是苏茜，我女朋友。"

我对那个叫苏茜的女孩并没有多大好感，大眼睛长头发，美女该有的样子她都有。本来及膝的校裙被她裁得很短，露出白白的大长腿。她朝我嘿嘿笑了两声，转而俯在杨恪耳边用不大不小的声量说道："我不要跟这书呆子三人行。"

从此之后，上下学我都是一个人，而杨恪和苏茜形影相随，感情日益增长。

　　高二那年，杨恪家出了事。他的爸爸因为赌博欠债，逃离了我们的城市，不知去向。他的妈妈为了早日偿还债务，去了外地打工，家里只剩下杨恪和他年迈的奶奶。杨恪的生活也一下子鸡飞狗跳，他再也不是以前无忧无虑的少年郎。

　　杨恪很久没有再联系过我，高二暑假的一天，他给我打来电话，约我去了西瓜地。

　　我们如同以前一样，坐在田垄上，晃悠着双腿。

　　杨恪叼着烟，"张滔，你说人要是永远不长大该多好？"

　　"我觉得还是长大好吧，长大就可以当警察了。"我嘴里吃着西瓜含糊地回应。

　　"张滔，"杨恪突然很忧伤地望着我，"借我点儿钱吧。"

　　"要多少？"我问。

　　"五千，我奶奶病了，我妈没什么钱，苏茜还想在暑假去趟杭州旅游，要钱。"

　　"你还是个学生，你怎么负担得起那么多钱……"

　　杨恪打断我的话，"我爱她。"

　　我无话可说。我家境算好，这么多年光是压岁钱我也存了好几千，很快地，我就把五千块钱借给了杨恪。

我们升上了高三。我学业紧张，重心只放在高考上，慢慢地，我竟忘了去关心杨恪。

只在某些同学的话里了解过他的近况。

我听说，他和苏茜在杭州旅游回来后就分手了。原因是苏茜喜欢上了另外一个男生，那个男生能带她去泰国，去香港，去很多好玩的地方，给她买很多她喜欢的东西。而杨恪呢，带她去趟杭州，俩人住的还是青年旅馆，据苏茜描述，杨恪连瓶贵点儿的饮料都舍不得给她买，一路上喝的都是矿泉水，吃的都是路边小吃。

在苏茜添油加醋的描述后，杨恪在很多同学的心中树立了一个"校园版葛朗台"的形象。

只有我知道，杨恪真的尽了自己最大的努力去对苏茜好，他能给她的，真的都给了。

但他挽留不住苏茜。

高三第一学期期末，苏茜辍学，跟那个有钱的男生去北漂了。

一个星期后，杨恪来找我。我们站在高三教学楼的楼顶上，吹着风，两人很久都没有说话。

最后还是杨恪开了口，"张滔，这次模拟考你考得不错。"

"杨恪，其实你努力点儿，你也可以的。"

话一出口，我就觉得自己虚伪。那时杨恪的成绩，已经在全级倒数。

但我比任何人都希望他能回头是岸。

杨恪苦笑了一下，说："张滔，你去当警察吧，实现你的梦想。至于我，我不打算继续念书了。"

"是因为学费还是因为苏茜？"

"都有吧，"杨恪叹了口气，"我家里的情况你不是不清楚，我妈一个人扛得很累，我也不忍心看她这么辛苦。奶奶身体也不好，我就算能考上个大学，我也不会去读，读了我心里也不会舒坦。至于苏茜，我承认我还放不下。"

"她都已经走了。"

"我可以去追，"杨恪像当年立志当警察时那样，眼里闪着动人的光，"我也想去北京闯闯，一是为了赚钱，二是为了追回苏茜。"

我知道他心意已决，也只点了点头，道了声："你要保重。"

杨恪拍着我的肩，"一年后我去你的学校看你，我这辈子是不能穿上警服了，但我好兄弟能穿上，也挺好的。"

"那五千块钱，我一定还你。"他说。

4

高三后半年，去了北京后的杨恪还给我打过几次电话，我知道他在北京过得并不如意，工作辛苦，好不容易稍稍稳定些，苏茜又离开北京去了深圳，于是他又追随她的脚步，毅然去了深圳。可即便他这么困难，他还是每个月给他奶奶汇一千块生活费，并且好几次给我发短信，等他有钱了，一定会还我那五千块钱，并且要回来看我，让我一定要带着他在我的大学里逛一圈。

我以为，一切都会慢慢好起来。

我真的考上了警校，可我再也没有见到过杨恪。杨恪的奶奶和我说，杨恪在深圳发展得不错，以前每月给她一千块生活费，现在每月都给两千了。他处了个女朋友，模样长得很是俊俏。

我问他奶奶："那女孩的名字是叫苏茜吗？"

他奶奶笑着说："对的呀，就是叫苏茜。"

想不到，杨恪还是个痴情种，但我也为他高兴，总算守得云开见月明。

我本想着，我也上了大学，学业并不繁忙，等寒暑假有空时就可以去深圳找杨恪玩，毕竟我和他，都是彼此最好的兄弟。可还没等到我去找他，我就接到了苏茜的电话。

"张滔，你能帮我联系杨恪家人吗，我找不到他们……杨恪快死了……"

我连夜赶到了深圳，但却没能见到杨恪最后一面。我听说，他是被人打死的。他偷了一辆车，被车主追上了，车主叫来很多人，活活把他打死。

杨恪的妈妈后来赶到，她抱着杨恪，一直只重复一句："我就知道，你给我的那些钱，来路不正……我该阻止你的……"

苏茜站在远处，没有说话，没有流泪，甚至没有表情。

"杨恪为什么会去偷车？"我问她。

"我怎么知道？又不是我叫他去偷的。"苏茜仰着头，很是倔强。

"你是没有叫他去偷，可你这身上的好衣服，你背的包，是他的工资能负担得起的吗？你这是逼他去死。"

"他乐意，"苏茜从包里拿出一沓钱，"这是两万块，还你五千，还有一万五给他奶奶吧。我和他，不相欠什么。"

她那个潇洒的转身，让我觉得杨恪死得真的很不值。

5

杨恪走后的很长时间里，我都不怎么愿意回家，那个小区的每棵树、每条路，都能让我想起杨恪。

我常常能想起和他经历的每一件事，总感觉他依然在我身边，某一天就会在我面前出现，对我说："张滔，好久不见啦，咱一起去吃个西瓜吧。"

杨恪的奶奶苍老了许多，放假的时候我常常回去陪她聊天。她喜欢坐在客厅的沙发上，翻看那本很旧的相册，给我讲杨恪的故事。

有时候她会恍惚间说道："如果杨恪还活着，该多好。"

我一个人去了我们以前常去的那片西瓜地。看瓜的老伯已经不在了，我一个人坐在田垄边，身边已经没有了那个陪我说话的人。

那个眼边有一道伤疤的杨恪。

那个和我一起逃课、一起偷瓜的杨恪。

那个和我一起打架的杨恪。

那个说长大了要当警察的杨恪。

我们并肩走过很长的路，我们在青春的领地插旗为王，我们携手打过几场战役。

我还能清晰描绘出他的脸，他却真的从我身边离开了。

小区里的人偶尔会谈起他。

"那个杨恪，真的挺可惜的，才十九岁的小伙子……"

"可惜什么啊？我早就知道他会是这样的下场，以前在小区里横行霸道，当孩子王，出了社会后没赚钱的本事，只能去偷去抢，才会落得这样的结局嘛……"

杨恪，那些人谈起你，像谈起树林里的风，天上飘过的白云。

只有我怀念你，就像怀念一个老战友。